VE RI
TAS
HARVARD

哈佛之约

精英培养手记

Harvard in Sight

*

李叶生 | 著

中原出版传媒集团
中原传媒股份公司

大象出版社
·郑州·

图书在版编目(CIP)数据

哈佛之约 ：精英培养手记 / 李叶生著. — 郑州 ：
大象出版社, 2019. 12 (2021. 8 重印)
ISBN 978-7-5711-0358-3

Ⅰ. ①哈… Ⅱ. ①李… Ⅲ. ①儿童教育-家庭教育
Ⅳ. ①G782

中国版本图书馆 CIP 数据核字(2019)第 228211 号

哈佛之约

HAFU ZHI YUE

精英培养手记

李叶生 著

出 版 人 汪林中
责任编辑 张 琰
责任校对 牛志远
装帧设计 王莉娟

出版发行 大象出版社(郑州市郑东新区祥盛街 27 号 邮政编码 450016)
发行科 0371-63863551 总编室 0371-65597936
网 址 www. daxiang. cn
印 刷 郑州新海岸电脑彩色制印有限公司
经 销 各地新华书店经销
开 本 890 mm×1240 mm 1/32
印 张 9. 5
字 数 160 千字
版 次 2019 年 12 月第 1 版 2021 年 8 月第 2 次印刷
定 价 39. 00 元
若发现印、装质量问题,影响阅读,请与承印厂联系调换。
印厂地址 郑州市鼎尚街 15 号
邮政编码 450002 电话 0371-67358093

*
*

Catalog 目录

*
*

第二章 073

*

*

序 言

*
*

四月。

美国马里兰州安纳波利斯。

美国海军学院。

清澈的塞文河在早晨的阳光照射下，波光粼粼。

美好的一天刚刚开始，一年一度的美国大学生男子轻量级八人划艇海恩斯杯比赛就拉开了战幕。宽阔的河面上，一艘艘 20 米长的赛艇像一把把锋利的宝剑劈开水面，迎着朝阳冲向前方。一排排船桨整齐划一地摆动着，翻起一朵朵镀着阳光的金色浪花。处于领先位置的是海军学院代表队的 V5 艇，他们是 V5 组的最强队。他们旁边紧咬不放的是哈佛大学代表队的 V5 艇，赛前的统计数据表明，他们的实力明显落后于海军队 V5 艇。从发号令下，一直到 2000 米的赛程过了大半，哈佛 V5 艇的艇首始终在海军 V5 艇艇首后面60厘米的位置。看得出来，一个是志在必得，一个是决不言败，全都铆足了劲儿。在5摄氏度的寒风中，哈佛大学桨手们的深红色背心和海军学院桨手们的深蓝色背心都被汗水浸透了。

岸边，挤满了前来助阵的家长们。在一片声嘶力竭的加油声中，我举着望远镜，紧紧盯着哈佛队艇尾坐着的那第九人，那个身材娇小的唯一的女孩儿。只见她涨红着脸，身体使劲儿倾向前方，好像这样能把船往前推进30厘米一样。她一面双手紧扣舵环，一面通过耳麦紧张地向桨手们发出指令。

这个女孩儿，是我的女儿凯特，哈佛大学代表队 V5 艇的舵手。

最后300米了，哈佛大学队仍未能缩短60厘米的差距。两条艇的舵手几乎同时下达了“全力划”的指令，两艘艇的桨手们发起了最后一轮冲击。

最后的三十个“全力划”，“一！二！三……”女儿一定是在吼叫着喊数，我从没有看到过她如此疯狂的样子。

我使劲眨了眨干涩困乏的眼睛，把望远镜划过哈佛大学的八名桨手。他们双臂紧绷的肌肉凸起来，一张张脸憋得通红，划桨的动作夸张而僵硬，有一个桨手竟沉不住气转首朝对手瞟望。小伙子们太紧张了！就在我心里遗憾地准备为他们放弃的时候，突然看到女儿停止了喊数，沉静片刻，然后用左手在空中挥了一下，微笑着对着队友们叫了句什么。一时间，小伙子们脸上紧绷的神情变得轻松起来，划桨的动作也变得自然流畅了。我不明白发生了什么，女儿他们的船竟然一点一点地追了上来。哈佛家长们的助威声更加高涨了。

最后 10 米，两艘艇眼看就要追平了，两个队的桨手们憋足了最后的力气，一个个脖子上青筋暴起。他们屈膝、弓背、前冲，再猛然发力，身体后摆，压上浑身的能量把桨柄拉向胸前，做最后一搏。

冲线了！从我站的角度看，哈佛大学 V5 艇与海军学院 V5 艇同时冲过了终点！

岸上，双方啦啦队沸腾的欢呼声顿时沉寂下来，翘首等待裁判的裁决结果。桨手们放慢了节奏，几艘划艇又往前滑了一段距离，缓缓掉转艇首，停在河面上。望远镜里，女儿的头微微低着，脸上有一点沮丧。队员们也疲态尽显，怔怔地坐着不动。而最靠近艇首位置的第一、第二号桨手，好像在比比画画地争辩着什么。

几分钟后，传来了大会广播的声音。我首先听到了“哈佛”，其他的还没有听清楚，就被我身后哈佛家长们“耶！耶……”的欢呼声淹没了。女儿和她的队员们也都同时举起了双臂，一个个脸上绽放出胜利的笑容。大会广播接着宣布：哈佛大学代表队的 V5 艇，以 0.5 秒的些微优势，夺得了第一名。

赛前不被看好的哈佛大学 V5 艇，竟以 0.5 秒的优势，逆袭了海军学院 V5 艇！

当天，哈佛大学代表队赢得了海恩斯杯。同时由于女儿指挥的 V5 艇预料之外的胜利，帮助哈佛大学代表队以 5 ：3 的总成绩，赢得了首届迈克尔·保罗维奇海军陆战队上校杯计点赛冠军奖杯。

女儿决定参加哈佛大学划艇队，是我和妻子无论如何都想不到的事。但事后想来也不太吃惊，这几年女儿做了太多超出我想象的事。她在一次次挑战自己，一次次挑战我的想象力。

男子八人划艇，顾名思义是八个男孩子的运动项目，但八人之外，还需要一名舵手，也可称为指挥。一艘赛艇赢得胜利，自然是桨手们奋勇拼搏得来的，但舵手的作用一样不能轻视。就像一个交响乐团，乐手们再优秀，如果没有一个好指挥，也无法演奏出完美的乐章。轻量级比赛规定每名桨手的体重在 68 千克以下，而舵手的体重在 56.7 千克以上（为公平起见，如果舵手体重低于 56.7 千克，必须以沙袋或哑铃等配重，达到 56.7 千克的标准。女儿每次都要拎一个杠铃盘上船）。为了不给八名桨手增加哪怕一磅的额外负担，划艇队尽量挑选 56.7 千克以下的人做舵手，女舵手便因此产生。

妻子最初的态度是绝对不同意，她担心会影响到女儿的专业课成绩。哈佛的学习压力之大众所皆知，女儿选的又都是难度很高的课程。对大一新生来说，要很快适应与高中完全不同的教学方法，跟上紧张的教学节奏，已属不易，她还参加了两个跟所学专业有关的重要哈佛社团，其一是颇负盛名的哈佛学院咨询团队，其成员需要花费大量时间和精力在承接的咨询项目上。在这种情况下，怎么可能每个星期挤出额外的20个小时参加划艇队的训练？

禁不住女儿好言相求加坚决保证，妻子总算答应给她一个学期的“实习期”，附加一个条件——逢重要考试，必须暂停训练，以保证考试成绩。

对女儿来说，最初的挑战是技术层面和心理层面的。到哈佛之前，女儿没有任何做舵手的经验，严格地说她对划艇连一点概念都没有。而其他舵手大都在私立高中经过相关训练，经验老到。女儿必须在短时间内跟上划艇队训练的进度，其难度可想而知。教练只是教了一些最基础的东西就让女儿上艇了，好在是初训，女儿边练边学。下了艇，她或是在网上恶补指挥知识，或是向有经验的同队舵手“偷师”，虚心求教。但这种速成的方法毕竟代替不了长期正规培训，女儿掌握的东西都是零零碎碎的。比如一个高年级的舵手教给女儿一个停下的口令，女儿以为那两个单词是“wane off”。很长一段时间，她让队员停下来时一直都说“wane off”“wane off”。直到半年多后，另一位舵手才好心地纠正说，那两个单词应该是“weigh enough”，由“够了”的意思引申为“停下”。“weigh enough”的略音连读听起来跟“wane off”连读很像。这个舵手也是偶然从凯特拖长的口令声中听出她用错了词。

每天早上六点，训练就开始了。训练结束，女儿匆忙地盥洗、吃饭，再赶去上课。初秋的太阳还很毒，没几天女儿就晒黑了。进入深秋，夜幕早早就降临了，训练结束返回船坞时，队员们几乎是摸黑向前划行，女儿只能借着若隐若现的水面反光，提心吊胆地盯着四周，生怕撞上什么。最苦的是冬天，查尔斯河上寒风凛冽，身体被冰冷的河水包围着，如同置身于冰窟。只要河面不结冰，训练就不能停止。有时候河冰未化，教练就用教练船把冰弄碎开始训练。河道上漂满了浮冰，险象环生。几个星期后，有两个跟女儿同期加入的女孩子退出了，而女儿咬牙坚持了下来。

教练和桨手们对一个合格舵手的简单评价是“smart”。这个单词，你却可以无限解读：除了技术过硬、经验丰富，还要机敏、沉稳、应变力强、执行力强等。划艇比赛是一个一气呵成的竞技项目，教练无法进行现场指导，舵手就是战略战术的实施者，就是全队的大脑。他不仅要严格执行教练事先制定的方针策略，而且要根据现场情况，灵活地进行调整调度，把既定战略战术运用到极致，把队员们的战斗力发挥到最大限度。赛场上很多外来因素或突发状况会对预定方案执行和团队发挥带来影响。一般来说，2000 米的赛程桨手们大约需用 250 个划程来完成，制定比赛方案时还会按 300 米、1000 米、1500 米、最后 250

米分段设定不同量的power stroke（全力划）。但风向（影响最大的是侧风）、水流（陌生的比赛水域）、邻队干扰、个别桨手受伤等因素，都会给这些设定带来变数，此时舵手的经验和判断力就显得尤为重要。舵手必须时刻保持头脑冷静、临危不乱，做出正确决断。这不仅关乎到比赛的输赢，而且还关乎到队员和划艇的安危。

即便是日常的河上训练，看似最基本的掌舵，也不是一件可以掉以轻心的事。哈佛大学和麻省理工学院之间的查尔斯河水域据称是世界上最繁忙的河段之一。每天，波士顿周围众多大学和高中的划艇在这里训练，还有许多快艇、帆船和载满游客的小游轮。划艇上的舵手在指挥的同时，还要留心避免与其他船只碰撞。最危险的河段是在穿越一座石桥狭窄的桥拱后，紧接着是一段近乎九十度角的弯道。曾有划艇在这里因撞船引起桨柄断裂造成桨手受伤。每条划艇动辄价值数万美元，每年都会发生因指挥不当失手撞上桥墩或船坞的事故，维修费用随便就是几千美元，剐蹭事故更是时有所见。女儿参加河上训练不久，在一次模拟赛中，左边相邻赛道的划艇突然失控，快速靠向女儿的划艇，而那个舵手不知是出于慌乱还是根本没有察觉，丝毫没有避让或减速的意思，两条全速前进的划艇眼看就要相撞。女儿的选择要么是号令减速，输掉比赛，要么不减速，引舵让艇首往右方侧偏，给对方让出自己的航道。然而女儿发现，哈佛大桥就在眼前，自己划艇的航道右侧紧贴桥墩，再往右偏，全速前进的赛艇势必与桥墩擦撞，后果不堪设想。女儿当即下令紧急减速。就在他们的船慢下来之际，左边的船快速擦身而过，两船的船桨几乎绊在一起，桨手们都惊叫起来。而自己的队友因背朝前方，完全不理解凯特为何发出减速指令，正要埋怨，转身看到背后近在咫尺的桥墩，所有的人都噤声了。女儿的果断决定避免了一起严重事故，受到队友和教练的同声夸赞。

从指挥的技术层面，同样的教练方案，好的舵手和差的舵手却会执行出不同的效果。教练要的是结果，他不关心也没有精力关注过程。舵手的作用就像教练和桨手之间的桥梁，他必须懂得如何把教练的意图具体落实在每一个桨手身上，准确应用到训练中的每一个细节。差的舵手只知道改变结果，好的舵手知道通过改变过程来改变结果。比赛时舵手往往无法看到后面几个桨手的动作，只能通过八片桨起落的一致度判断哪一个桨手发生了偏差。在纠正桨手的动作偏差时，最没用的指令是“××× 把你的桨放深一些！”正确的做法应该是指出这个桨手胯位太高了、转身太慢了或者是肌肉太紧张。要做到这些，就需要舵手在平时训练时仔细观察每一位桨手的动作习惯，认真研究每一个队员的技术、体能信息，了解他们的优势和弱点，这样才能知道每一个人的问题所在，也让他们明白如何做出调整和改变。队员们看到了在舵手指导下改进的效果，才会对他的能力心悦诚服，愿意听从他的指挥。

然而，一个合格的舵手，比技术和经验还重要的莫过于高情商。他必须具备足够的亲和力，让自己融入这个团队；他必须在队员中确立自己的威信，有令行禁止的能力；他必须有巨大的凝聚力和号召力，激励大家的斗志，让全体队员团结一心，共同拼搏，争取胜利。

这些，对于女儿而言绝非易事。

能够进入哈佛大学的学生，肯定都是最优秀的，自身都带有一种骄傲。而划艇队的小伙子们，不论是毕业于私立名校，还是公立明星高中，其家庭大多非富即贵，每个人身上又多了一份优越感。这么多优秀又骄傲的个体，让他们一对一比勇斗狠容易，把他们组成一个团队，让他们坐在同一艘艇上，听从统一号令，动作一致，互相配合，甚至包容迁就某一个动作稍欠协调的队友，就是另外一回事了。作为他们的舵手、向他们发号施令，这个人更须具备强大的心理素质，尤其当你还是一个女孩子。

一般来说，这些家庭优渥、受过优等教育的男生颇有教养，对女孩子都会表现出绅士风度。他们得知凯特是新手，对她显示了极大的耐心和宽容。但是有些年轻绅士的风度也是有忍耐极限的。曾有船队八人全员投票一致通过，赶走了他们不喜欢的一个舵手。最初几个月，总有一两个桨手对女儿生涩的技巧表示不满，口出怨言甚至嘲讽。女儿一方面积极改进，一方面装做“厚脸皮”，假装他们是在嘲讽别人。要知道平日里她可是出了名的脸皮儿薄！好在女儿进步迅速，很快得到了他们的认可。经过那次化险为夷的事件，队友们对她更是信任有加。女儿渐渐地越来越自信，她一方面不断丰富自己的指挥知识和经验，提高自己的操控水平和技巧，一方面积极与队友们沟通，了解他们的想法，听取他们的建议。八个桨手性格各异，女儿熟悉每个人的脾气和兴趣爱好，跟每个人都能聊共通的话题；她知道什么时候跟他们开玩笑，什么时候批评他们；知道哪个人喜欢幽默，哪个人受用凶猛的吼叫。她跟每个人都建立了友谊，成为全队最受欢迎的人。

临近比赛的一段时间，桨手们都面临减重的压力。如果星期六有比赛，星期五下午就要量体重。很多桨手星期一到星期三只吃沙拉，星期四下午和星期五全天几乎不吃任何东西，有时还要在星期五进行出汗训练，用超负荷运动甩掉多余的脂肪。这段时间，很多人脾气变得极差，暴躁易怒。这个时候女儿就会照顾桨手们的情绪，制造轻松的气氛，避免对他们要求过于严苛。

看女儿他们比赛时，我喜欢从队员们起船开始看起，也就是八个人抬起划艇从营地出发开始。我喜欢看着这群高大的男生认真聆听我这个娇小女儿的指令，将倒扣着的赛艇举过头顶，再落在肩头，步伐整齐地走向码头，然后帅气十足地将艇身侧举、翻转，轻轻地放落水上。桨手们架好船桨，各就各位，女儿戴上耳麦，与教练击拳祝福。女儿再与第一桨位的桨手击拳，喊道：“Pass down！”队员们依次转身与后面的队友击拳。这是他们的传统。接着女儿淡定地发出“出发”的指令，八个小伙子挥动双臂，八片涂着哈佛红的船桨在水面上划出两行优美的弧线，赛艇出发了。

当你的艇赢得比赛时，自然皆大欢喜，大家击掌相庆，一片祥和。但是当你的艇输掉比赛时，有的时候人们会甘拜下风，有的时候气氛就不是那么和谐了。也许大家会埋怨某一个桨手拖了后腿，也许桨手们会归咎于舵手指挥不当，比如：冲刺号令下得过早了，临到终点大家已耗尽了体力；或者发力太晚了，拉下了太大距离，最后拼到吐血也追不上。这个时候，如果是女儿的过失，她一定勇于认错，承担责任。这样反而赢得了队友们的尊重和更大的信任。到后来，这些男孩子看起来更像事事处处都在保护着她。有一次训练赛，女儿的艇输了，一个临时替补受伤队员的桨手对女儿口出怨言，不料换来其他七个队员的同声呵斥：闭嘴！

作为一名舵手，在面对强大对手的时候，在胜负难分的关键时刻，自己的一个表情、一个眼神，就会影响到全体队员。她除了不能在技术上失误，更要做到越是紧张时刻，越是不能表现出紧张，更不能把自己的巨大压力传导给桨手们。为了在比赛过程

OCEAN

中调动气氛、鼓舞士气，女儿自己编排了一些朗朗上口的口号，很受队员们欢迎。有时队员们来了劲儿，主动要求女儿重复喊那些口号，害得她经常嗓子都喊哑了。她还跟队员们约定了一些夹杂着玩笑和技术指令的“密语”，在关键时刻给他们下达“密令”。女儿后来告诉我，在对阵海军学院的那场比赛中，她看到了队员们因紧追无果的焦虑，看到了他们肩头僵硬的肌肉。她自己也同样焦虑，恨不得自己手里也有一副船桨。但她很快调整了心态，微笑着下达了一句双关语“密令”：Drop shoulders。Drop them(放松肩膀。甩掉他们)！队员们立刻心领神会，放松心态，划桨效率大增，终于反超获胜。

我写了这么多关于赛艇的事，其实不是想说赛艇，而是从赛艇、从女儿这个舵手跟她的那些桨手队友的关系，想到了一个家庭在子女教育问题上父母和孩子之间的关系。我不是教育专家，但我想冒昧地把孩子们的教育成长过程，比作一场场划艇比赛。孩子就是桨手，父母就是舵手。不错，赢得这一场场比赛，是每一个桨手——孩子拼搏的结果。但是，赢得这一场场比赛，也离不开舵手——孩子的父母的共同参与。即便从纯粹的学校教育角度，也有研究指出，优秀学校所具有的共同点之一就是强调父母和家庭的参与。

从遗传学的角度来说，真正的天才是极其稀有的。你我家的孩子，大多是智力上非常聪明或比较聪明而已。一个比较聪明的孩子，如果没有父母的介入，他也可能会轻松地到达某个成功点，但大多会就此了了。一个非常聪明的孩子，如果没有父母的精心培养，他可能会很优秀，但不一定能优秀到考上哈佛、斯坦福、清华、北大。即便精英学校教给了孩子良好的学习习惯，培养了孩子优秀的品格和素养，但这些良好习惯和优秀品质，需要家长们持之以恒的督促才能养成。

“Boat feeling”很难用一个准确的中文词语表达，直译就是“对船的感觉”。对一个舵手来说，也很难用语言表达他怎样去“感觉”自己的船。这种对船的掌控的感觉，是没办法教会的，就像弹钢琴的感觉一样。只有一个有灵气的舵手，经过与桨手们成百上千次的合作，用心去了解、熟悉每一个桨手，熟悉他们的每一个动作，用心去感觉自己的船，才会有这样的“感觉”。女儿是在第二个赛季，才突然找到了这种掌控赛艇的“感觉”。船前行沉滞时，她知道是桨手们的肌肉过于紧绷了，桨片入水不够平滑；船上下波动时，她知道是桨手们回腿过早了，桨柄的杠杆作用力点不到位。我们父母，对孩子也要有这种“感觉”。

长期以来，全世界的教育专家们在培养教育孩子方面发表了成千上万的学术专著，搜集了成千上万的研究案例，得出了令父母们眼花缭乱甚至截然相反的观点和结论。我经常是看了 A 专家的文章也认同，看了 B 专家的观点也认同，不知道该照谁说的去做。好像无论我怎么做，都能在某位专家那里找到理论支持。的确，他们说的都有道理，但是具体到某个孩子身上，又都不是绝对真理。因为每个孩子都是独特的个体，哪怕是智力上、性格上、成长环境上甚至是运气上的一点点细微差别，同样的理论用在不同孩子身上，其作用和结果会明显不同，甚至是天壤之别。谁知道这些细微差别？谁最了解自己的孩子？只有父母。

我们知道，当我们倾向于认同某一种理论或观点的时候，说明在我们的内心深处存在着对这种观点所描述前景的主观、天然向往。把某种成功理论完全照搬，把某个成功案例不加取舍完全复制到自己孩子身上，很可能达不到主观愿望的效果，甚至会是完全相反的效果。父母们必须像一个优秀的舵手一样，了解我们的孩子，了解他的聪明程度、身体状况、心理承受能力、兴趣爱好及天分所在，了解他的优势和弱点，了解他属于哪种学习类型的孩子，倾听他的内心，倾听他的学习心得和故事，才能知道专家的教育理论和我们的教育理念是否适合自己的孩子，而不是高高在上、颐指气使、不切实际地发号施令，甚至是瞎指挥。我们必须摆正自己的位置，不能强迫孩子完全按照父母的主观意愿行事，要给孩子一定的自我发展空间，允许甚至鼓励孩子去尝试不同的东西；必须端正自己的心态，摒弃攀比意识和功利行为，更不能把自己的焦虑转化成孩子的压力。只有真正地了解孩子，关心孩子，才能知道什么时候该鞭策他，什么时候该鼓励他，什么时候该让他放松。必须记住，我们和孩子有着共同的目标，父母的作用，就是把我们的理念变成和孩子共同的理念，把我们的期望变成和孩子共同的期望。父母的作用，就是在必要的时候帮孩子把握好方向（尤其是在他年幼、缺乏分析和决断能力的时候），全力保障和支持孩子（桨手）冲向终点。最后，我们还要知道什么时候该放手。如果真能做到这样，其实真的不需要懂什么高深理论，搬任何成功模式。

有人会说这是中国人或是亚裔父母的育儿理念，西方教育认同的是“放养”，顺其自然。根据我对美国社会的了解，“放养”只是传统上大部分蓝领中产和中下阶层的教育方式,而富有家庭、精英阶层和希望向上流动的中产知识阶层一样信奉把子女教育视作精心设计和实施的工程，他们扮演的“舵手”角色，比我们更投入。其介入程度，绝不比我们差。只是在形式上（比如表达自己意愿及实施决定的方式）、侧重点上（比如侧重人文还是理工、课外活动选体育运动还是器乐演奏）略有不同。总之，美国的精英父母对教育绝对不是放任。

其实，抛开所谓的东西方教育理念的差异，就像孩子小时候卵翼在父母的保护下、长大成人后远走高飞一样，孩子的成长过程就是从依赖父母到依靠自己的蜕变过程。在父母的指引和扶持下，孩子不断发现新的事物、新的世界，发现自己，发现在这个世界生存的能力和意义，找到自己与世界的同步，从而变得日渐成熟、日渐独立，取得成功，直至去改变世界。特别是我们今天所处的精英时代、数字时代，竞争日趋激烈，从挤入名幼儿园、考明星学校，到几岁开始学琴（或学网球）、什么时候考级，一步步一阶阶紧密相连，哪一步都离不开父母的精密规划、精心挑选，哪一个环节稍有疏漏就会被甩在后面。如果听取有些专家的观点，完全放任让孩子自己去探索、试错，一切依从自己的兴趣和天性，他们输得起时间、输得起精力吗？他们可以输得起犯错，但是输得起从头来过吗？在孩子心智尚未成熟的时候一切交给他们自己决定，恐怕不会是明智的父母该做的决定。

当然，父母的指引和扶持一定要适度，避免利用父母的权威强行制定孩子的人生规划，或是以“爱”和“期望”的名义迫使孩子朝着自己厌恶的方向努力，取得违背自己意愿的“成功”。一切替孩子做主也会影响他们建立自信、造成性格晚熟甚至永远长不大，真正堕入那些提倡“放养”教育的专家所说的“高分低能”陷阱，比如进入大学后的迷茫期：不知道如何选课，不知道选什么专业，不知道选什么课外社团和俱乐部，甚至不知道怎么选朋友。好像终于按照父母的设计进了名校，却一下子发现自己是一个 loser（失败者）；比如临到毕业，人已坐在入职面试官面前，才突然看到远方有一个陌生的自己，好像做足了一切准备，即将开始父母期待已久的精英生活，才幡然醒悟这一切并非自己所爱、所想。所以，怎么做到“适度”，怎样让我们的孩子既赢在名校的起跑线上，也能在人生的每一个阶段都赢得精彩，很大程度上取决于父母是不是一个好“舵手”。

这个比喻用在我们家，我女儿自然是那个优秀的桨手。而舵手，则非她亲爱的老妈莫属。我，如果非要给自己设置一个位置的话，充其量就是一个碍手碍脚的“副舵”（真正的赛艇上当然没有我这个“副舵”的位置）。早期，由于家庭和成长年代的局限，以及由此造成的我们自身的局限，我们没有所谓“科学”的“早教”概念。我们对女儿毫无章法而幼稚可笑的“早教”，就像是假日里父母带着孩子在湖上泛舟。是女儿老师的鼓励和周围环境的影响，是女儿一天天显露出来的天赋和潜力，让妻子日渐认知到孩子的教育应该是一个精心设计和实施的工程，并成为这种教育理念的忠实践行者，担负起了舵手的重任。说句老实话，十几年来，尽管我们的目标是共同的，期望是一致的，但我和妻子往往是一个焦虑着怕太慢了，一个却忧心超速失控；一个怕偏左了，一个怕偏右了。我曾对妻子做出的许多决定心存保留。但是结果证明，妻子是一个好舵手。因为妻子的执着，我们才能在缺乏资讯、缺乏资源的情况下，让女儿赶上了每一班资优教育的快车，抓住了每一个展现自己才华的机会。女儿从小时候的听话乖乖女，从害羞怯懦的典型“亚裔女孩儿”，一步步发现自己、丰富自己、挑战自己、改变自己，一年年变得强大、自信。在高中冲刺阶段的十一年级，女儿自己将哈佛设定为第一申请目标。那一刻起我就明白，女儿长大了，她对自己前程的计划和掌控变得更加积极主动。进入哈佛大学后，女儿迅速完成了华丽转身，她更清晰自己想要什么，要成为什么样的人。她一面在顶尖的知识殿堂里刻苦学习，一面尽情享受着五彩缤纷的大学校园生活。

至今，女儿仍把她的社交网站口号设定为：

Teamwork, makes the dream work（齐心协力，梦想成真）。

女儿说，这个 Team（团队），就是我们这个家。

第一章

“愿意让你们的女儿去做那个大池塘里的小鱼吗？”

*
*

父亲节快乐！

*

如果你有一个孩子，那么你第一次因他而感动，一定是你从助产士手中接过他抱在怀里那一刻。

我是陪在妻子身边看着女儿出生的。

妻子的产期临近时，我在国内的一个项目刚刚启动。很多工作还没有头绪，很多岗位人员尚未到位，忙得我焦头烂额。忙乱之中我竟然记错了妻子的预产期。直到妻子打电话催我，我才匆忙订机票赶往美国。

到纽约的第三天，妻子就住进了医院。我在待产室陪着妻子，从早上八点一直到晚上，妻子的产前阵痛一阵比一阵厉害，无助感深深地吞噬着我。国内的电话不停地打来，又是请示又是汇报，一堆破事儿。加之时差带来的疲惫，让我耐性顿失，对着又响起的电话一阵吼叫后，关掉了手机。

晚上十点整，女儿呱呱坠地了。那位白人助产士把洗得干干净净包在柔软布单里的女儿递给我，笑容满面地看着我说："这个女儿太像爸爸了！"我轻轻接过女儿，仔细端详睡得香甜的女儿。的确，女儿跟我像极了，把她跟一百个婴儿放在一起我也绝对不会抱错，你看，连老外都看得出来她像我！女儿闭着双眼，小小的鼻尖中间有一道浅浅的褐色，像极了熟睡的小狸猫。还没等我看够，女护士又把她抱过去，给躺在产床上疲惫不堪的妻子看了一眼，说：“我要把这个宝贝放回育婴室了。”她走到门口，又转身笑着冲我补了一句：“父亲节快乐！”

我愣了一下。一旁的医生也笑着说：“是啊，这是给你最好的父亲节礼物！”

我这才知道，两个小时后，就是父亲节了。

我鼻子一酸，泪水模糊了双眼。所有的疲惫、烦恼，一扫而光。

女儿好像还没在妈妈肚子里睡够，在育婴室里一直安静地睡着。无论护士给她打脚模，还是量体温，都打搅不了她的美梦。护士要在女儿的脚跟上打预防针，看着女儿像我的拇指那么大的小小脚跟，我的心揪紧了。她要多疼啊！

针刺下去的时候，女儿只是轻轻地发出两声“吭吭”，皱了皱眉头，继续睡。

护士咧嘴笑着拔出针头，甩了一句：“Lazy girl（懒丫头）！”

我和妻子都沉浸在女儿出生的喜悦之中。

世上的爸爸妈妈们，都希望自己生下来的孩子既聪明又可爱，也认定自己的孩子既聪明又可爱。可爱不可爱是很主观的，没有标准去判定。而聪明不聪明，却是有标准来衡量的。不过这个标准，也大多是爸爸妈妈们自己认定的。比如张三的儿子两岁会背九九乘法表，李四的女儿三岁能背唐诗三百首，王五的孩子玩电子游戏比谁都好。

我和妻子也是这样的爸爸妈妈。

我们不断地发现女儿的聪明之处，发现她超越其他小孩子的过人之举（其实我们见过几个“其他小孩子”啊！），并为我们的发现而惊喜不已。

女儿出生的第三天，我们的朋友小韵来我们家帮忙。妻子还在床上躺着，我在屋里走来走去忙着。突然，抱着女儿的小韵大惊小怪地叫道：“大哥大哥快看呐，凯特竟然认识你！”

“怎么会？”我不相信。

“真的！她一直盯着你看！”

我望向女儿，她一双眼睛虎睁睁地看着我，褐色的眼瞳晶莹透彻，像落在蓝色湖底的一对宝石。我向左边走，她的视线跟着转向左边，我转回右边，她的眼睛也转向右边，始终跟着我，一刻也不离开。

小韵还在啧啧称奇：“大哥，我观察半天了，阿姨（我短雇一个星期的保姆）、阿兰（另一个朋友）过来过去，凯特对她们看都不看，就一直盯着你。真是神了！她知道你是她的爸爸！”（我女儿真聪明，三天就能认识爸爸！）

几个月后，女儿会爬了，而且越爬越快，一天比一天快。快到一不留神，她就爬到楼梯口了。我得小跑才能追上去把她抱回来。如果参加婴儿爬行比赛，她一定会拿第一名。（我听说过，爬得越快的孩子越聪明！）

她从床上下来的时候，不是头朝床边往前爬，而是倒退着爬向床边，再一点一点向下退，直到脚沾到地。她从没从床上摔下来过。

再大一点的时候，她要爬上比她还要高的床。上不去，怎么办？她拉开床头柜下层的抽屉，脚踩着抽屉，爬上去了！

这一切，没人教她。无师自通！"真是神了！"（现在回想起来，却有些后怕，毕竟这个动作是那么的危险，但那时的我们只知道惊叹女儿的聪明。）

最了不起的是，女儿的聪明曾经救过她自己。

女儿两岁那年的感恩节过后不久，我和妻子带她去皇后中心商场。正值一年一度的圣诞购物优惠季，购物中心挤得水泄不通。在一家童鞋店，妻子让我看着女儿，她给女儿挑选鞋子。女儿一会儿拉住我的手，一会儿松开，在我腿边转来转去。我的视线不觉间也转向了琳琅满目的货架。突然，妻子走向我，一脸惊恐地问道："女儿呢？"

我四下一望，没了女儿的踪影，顿时慌了神："她刚刚还在这儿！"

妻子狠狠地瞪了我一眼，疯了似的朝外冲去。我回过神来，紧随其后追出门去。

鞋店门外，是商场开阔的主通道，有篮球场那么宽，几个篮球场那么长。人山人海，密不透风。右手边二十几米外，是购物中心主门，门外就是双向六车道的皇后大道！我的心被恐惧紧紧揪住。

我看到一个保安，一把抓住他问道："有没有看到一个小女孩儿？"

他面无表情地摇摇头说："No。"

被人抱走怎么办？跑到大街上怎么办？无数个恐怖的念头冒出来。我和妻子像无头苍蝇一样左冲右突，不知该朝哪个方向找。

我又碰到另一个保安，他事不关己地指了指上面，让我们去商场的办公室求助。愤怒和懊悔一齐冲上脑门，我忽然在一秒钟里定下神来，只有靠自己！一秒钟都不能流失！方向：皇后大道主入口！我和妻子一边大声呼唤着女儿的名字，一边推开人墙朝前挤去。我们的叫喊声引来身旁几个人转头观看，但更多的人好像根本没有听见，嘈杂的人声淹没了我们的呼喊声。每往前挤一步，我的心就揪得紧一分。我的脑海里冒出了"amber"这个词，那是美国政府以一个失踪小女孩儿的名字命名的全国失踪儿童报警系统。"不！"我近乎崩溃！

离大门还有几米之遥时，人群稀疏了一些。突然，我从前面人群的缝隙中看到了女儿小小的身影，她正用手拨开成人大树一样的粗腿，朝我们的方向挤过来，有点慌张的眼睛四处张望。我一把推开挡在我前面的人，冲上前紧紧抱住她。女儿没有哭，但她小小的身体在我怀里瑟瑟发抖。

女儿竟然知道沿着来时的方向回来找我们！

直到现在，每当妻子说起这件事，除了后怕，就是夸女儿聪明。（当然，安全专家教导我们的正确做法并非如此。孩子与家人走散时，不应乱跑去找家人，而应待在原地等待家人。但当时女儿年龄尚小，并没有受到过相关教育，且最终是个皆大欢喜的结局，所以作为父母的我们愿意把一家团圆归功于女儿的聪明。）

认知误区：美式教育

*

我和妻子的问题是，对于女儿的“聪明”，我们仅仅止步于“发现”。我们从没想过，也不知道，去认真地看待女儿的聪明，早早地制定一套完整的、合理的、科学的、××× 式的规划，着手培养我们家的“哈佛女孩儿”。

这可能跟我和妻子的成长背景有一定关系。

我的父母有据可考的祖辈都是农民。父亲的家乡土地贫瘠，但乡风崇文。清朝光绪年间有一位族人考上了国子监生，后人视为光宗耀祖的事，还特地将其镌刻在他的碑文中。我的爷爷在村里的私塾教书，想必也是读过几年圣贤书。他的学生没几个，我父亲是其中之一。父亲后来考上了镇上的初中，不过没上几天就投身革命，辜负了爷爷的期望。

尽管父亲的履历表上，他的学历一栏停留在“初小”上，但在那个年代，他也算有点儿文化。靠着他的聪明努力，这点可怜的学历并没有影响父亲日后的仕途。他竟做过中学校长、师专校长（我认识的父亲的学生对他们的校长十分崇拜）、法院院长。最后的岗位是从事国际贸易。即便他连 ABC 都不认识，十几个大公司在他的领导下运作得有声有色，风生水起。

母亲家则更简单，土地改革时成分是“佃农”，自然是房无一间，地无一垄，更不用提什么上学了。母亲的文化程度，只是工作后参加过短期干部文化培训班。

我小时候，父母把我送进了当地最好的寄宿幼儿园、寄宿小学。可以把这解读为他们想为我提供一个良好的教育环境，但我想更多原因是为了他们方便：他们忙于工作，无暇照顾孩子。把我往寄宿学校一送，什么心都不用操。别说过问孩子的学习，连孩子的吃喝拉撒都没空管，我们兄妹几个都是吃奶妈的奶长大的。我还好，奶妈住在城里机关我们家，条件优越，加上奶妈人好，还有姥姥在一旁照看。大妹运气就没那么好了。适逢三年困难时期，奶妈没有奶水，就瞒着我母亲胡乱给几个月大的妹妹塞点面条面汤什么的，妹妹极度营养不良，瘦弱不堪。若不是母亲的同事给母亲报信，母亲及时从蹲点扶农的乡下赶回来，大妹的小命恐怕都难保。二妹和小妹干脆直接被送到了乡下的奶妈家。我去小妹奶妈家破旧的村屋看过她，那脏乱不堪的房间让我过目难忘。父母他们那一代人都是这样的，革命第一，工作第一，家庭和孩子都可以牺牲。

妻子的家庭比我多了点儿知识氛围。妻子的爷爷受过高等教育，民国时期在省邮政局做官。奶奶是小学教师，在当时是为数不多的知识女性。不幸妻子的爷爷英年早逝，奶奶一个人含辛茹苦地把几个孩子拉扯大，硬是把唯一的儿子送进了音乐学院。妻子的父亲后来成为知名音乐家。妻子的母亲也生于中富人家，受过良好教育，知书达礼，还写得一手隽秀的钢笔字。

然而在子女的教育问题上，岳父岳母顺应了当时的时代大潮。那时人们认为学一门乐器比读书更有前途。他们也没能免俗，让他们的女儿学拉小提琴。上初中的时候，妻子就曾辍学到市里的一个剧团拉小提琴，耽误了不少学业。结果是小提琴的路没走通，妻子也没能进她如意的大学。

当年我高考的时候，因为已有一份来之不易的工作而对上大学意兴阑珊。如果不是偶遇我高中时的语文老师曾老师，如果不是他声色俱厉地把我批评了一顿，我真的就放弃了考大学的机会。在教育对一个人的命运有多少影响这个问题上，我不比父亲他们那代人看得更长远。

女儿两岁时，我和妻子为女儿选定了华人社区最好的幼儿园——红苹果幼儿园。小时渴望父爱的我，承诺要给女儿满满的爱，当然要给女儿最好的教育。

来美国之前我就知道，美国是儿童的乐园、儿童的天堂。除了无所不包的福利照顾、先进周全的医疗保障、免费的公立教育、保护儿童权益的健全法律，还有洁净的饮用水、安全的食品、清新的空气、蓝色的天空。更重要的是，美国的孩子没有压力，课程设置简单，没有家庭作业，没有没完没了的考试，可以尽情地玩耍，尽情地享受童年的乐趣。教室里的桌椅想怎么放就怎么放，学生们想怎么坐就怎么坐，背对老师坐在课桌上老师也不管。而且在美国父母对孩子不能打不能骂，哪个家长敢用指头戳一下孩子的额头，被邻居看到了，马上就有人报警，马上你就会失去孩子的监护权。

美国的孩子都是放养的，玩大的。推而论之，美国的家长不像中国的家长那样把子女的教育看得比天大。很多年后，我知道这种说法不全对，起码推论是错的。

美国的家长的确重视顺应孩子的天性，但同样他们也重视孩子的教育，只不过具体实施起来，不同阶层的家庭会有很大差异。我们在媒体上看到的更多是美国中下阶层家庭的生活画面，得到的印象是美国的孩子从生下来就是自由独立的，戴着纸尿布满屋子爬，大一点儿骑着山地车或脚踩滑板满街跑。纽约布鲁克林皇后区高速公路旁一幅巨型广告牌上，一个黑人幼儿双手抓着一把沾满番茄酱的意大利面条往嘴里塞，头上、身上甚至背后的墙上甩满了红色的番茄酱。这确实是美国中下阶层孩子的真实写照。

富人的孩子呢？如果你走在曼哈顿中城六十街以北、九十六街以南、中央公园以东的一大片街区，你不时会看到不同肤色的中年女性，推着高档婴儿车走在大街上。这些中年妇女是富人家的全职保姆。富人家的孩子从出生就有这样的保姆伺候，他们家价值不菲的地毯，不可能让孩子在保姆二十四小时全方位看管下用番茄酱涂成一幅超级抽象画。

教育也是如此。美国中下阶层的孩子上的都是家庭所住学区的一般公立学校，学校的情况跟我们听说的基本相符。老师教得轻松，学生学得轻松，即便如此，城市的黑人社区、中西部地区的广大乡村，中学辍学率依然居高不下。

而在纽约郊区、康涅狄格州、马萨诸塞州、弗吉尼亚州等富人聚居的所谓高尚社区，有很多私立学校和“明星公立高中”。前面所述曼哈顿的富人区，则更是私立学校林立，学费动辄以每年数万美元计。私立学校除了高薪聘请优秀教师、小班授课、课程设置多样化，还有花样繁多的艺术、体育（多为贵族体育活动，如击剑、划艇、网球等）课程，及众多的课外活动俱乐部，以应富人子女长大后考名校和社交之需。

从私立学校回到家，富人们更是一分钟都没有放任子女的教育。从幼儿园到高中毕业，他们会以每小时 150 ~ 400 美元的价格，雇请专业级别的家教教授孩子学校以外的课程，或把在学校学习的东西巩固提高。课程内容从教儿歌、吹长笛、拉小提琴，到拉丁语、辩论、数学，直至备战 SAT（学术能力评估测试，俗称“美国高考”）考试，无所不及。这些家教可能会在夜里十一点被召至学生家里，因为这个孩子还没为学校明天的考试做好准备。甚至孩子上了大学，还会继续有家教指导孩子从买床单到写论文的方方面面。如今家教产业已经成为产值达数百亿美元的快速增长的行业。家教的职责已经超越了单纯的学业范畴，成为有钱人家孩子的顾问、保姆、心理治疗师，甚至像家庭成员一样随雇主一家出去旅行。有钱的父母们不愿或无暇为孩子亲力亲为的事情，都可以花钱请人替他们去做。富人们要把下一代打造成无所不能的超人，从专业知识到社交方式，无论何时何地，永远立于不败之地。他们要让家族的财富和常春藤名校的 Legacy（校友子女及兄弟姐妹优先录取制度）世世代代传承下去。

至于明星公立高中其课程设置之高深、家庭作业之繁重、考试频率之频繁，在我女儿考入亨特高中后，着实让我吃了一惊。简单说，比之中国的明星高中有过之而无不及。更不用说一点不比私立学校少的课外社团活动了。

那些正在向上流动或希望向上流动的中上阶层，上至大公司的高管和科技新贵们，下至医生、会计师、IT 业工程师等专业人士，既因私立学校竞争激烈一位难求，又或为天价学费踌躇不前，纷纷争抢优秀公立学校资源。他们在郊区的名校学区买房，以此获得名校入场券。很多人孩子尚未出生，就已经开始未雨绸缪。孩子上哪类学校，公立？私立？教会学校？磁石学校（有吸引力的学校，又称特色学校）？哪个明星高中的学区房买得起？哪个学区退而求其次？甚至为了挤入一所声誉卓著的幼儿园，不惜使出浑身解数，动用一切可用的社会资源。

而当时的我们，对此毫无所知，还在为给女儿找了一所最好的华人幼儿园而自我感动着。

陪 伴

*

之前，妻子一直在曼哈顿的一个两年制学校读电脑编程课程。有了女儿，课就停了下来。女儿一岁的时候，妻子跟我商量，她还想继续她的课程。她想转入纽约州立大学上州的一所分校，我们的朋友小韵刚从这所分校毕业，进入 IBM 公司做了程序员。妻子说她以前的学分也可以转过去，毕业后拿一个正式学位，将来会更有机会进大公司。

那时候我还在国内忙生意，抽了个时间来到美国，计划跟妻子一起去大学跟学生服务中心的工作人员面洽转学事宜，顺便也考察一下学校及周边环境，以及女儿如何安置。

当时我们还没在美国买车，我和妻子推着婴儿车，带着女儿一起坐北线火车，辗转前往上州的那所纽约州立大学分校。

纽约州立大学的接待人员热情又专业，她详细介绍了转学手续、转学分规定及课程安排等相关事项，但我们最关心的是女儿怎么安排。那位女士周到地带我们参观了学校的托儿中心，说我们大可放心，我们的孩子一定会受到无微不至地照顾，就像在家里一样。

小韵又带我们去了大学附近一家事先约好的人家，他们答应让妻子和女儿租住在他们家。房子是一幢殖民式独立屋，屋前的草坪修剪得平平整整，木质平台的栏杆上挂满了红白相间的鲜花。房主是一位十分面善的白人老太太，她带我们上到楼上的那间屋子。屋子虽然不大，但已经打扫得干干净净，家具齐全，看起来温馨舒适，还有一间独立洗手间。老太太还带我们看了厨房，说她喜欢闻到中国菜的味道，因为她爱吃镇上的那家中餐馆的饭。不管老太太是不是真的喜欢中国菜，有她这句话就行，因为有不少美国人不愿把房子租给华人，就是因为他们讨厌我们炒菜的油烟味。

一切谈妥，给老太太开了定金支票。我们跟小韵一起去了她在邻近小镇上的家，晚上我们就借宿在小韵家。

小韵家的公寓楼前，是一汪不大的池塘，池塘中央的喷泉像花洒一样喷着细细的水柱。池塘边的草地上，一只大雁妈妈带着一只小雁，旁若无人地吃着草的嫩叶。稍远处，还有另外一个大雁家庭：两只大雁和两只小雁，两只大雁一定是雁妈妈和雁爸爸了。我和妻子坐在几米外的长椅上，看着眼前油画般的美景，享受着乡间的宁静。女儿摇摇晃晃地走向近处的大雁，雁妈妈警觉地抬起头。女儿停下脚步，一脸欣喜地看着它们。雁妈妈觉得没有威胁，便又埋头在草丛里。

夜里，我睡得不深，在外边过夜我通常都睡不好。迷迷糊糊中，我发现妻子半靠在床头，眼睛盯着女儿甜睡的小脸儿发呆。我说："累了一天，你怎么不睡？"

妻子没有回答。

我又问："你在想什么？"

好一会儿，妻子才把视线从女儿身上移开，她转向我说："我不想现在上学了。"

我睡意全无，干脆坐起身来。

"为什么？"我问。

"我不放心女儿。"妻子说。

"不是说好了，女儿放在学校的托儿所？"

妻子叹了一口气，说："大雁妈妈都知道一步不离地守护着它的孩子，我怎么忍心把这么小的女儿放在托儿所？她现在连拉屎撒尿还都不知道跟大人说。"

我这才回想到，妻子一下午都心事重重的样子。我写支票给房东老太太时，她似乎还想阻止我。

妻子接着说："我不想让女儿跟你和你妹小时候一样，吃别人的奶，让别人带大，受那么多罪，生那么多病。对我来说，没有什么比女儿更重要。这次是我考虑不周全，我不能只顾自己。我要做一个负责任的母亲。"

我说："现在你都算超龄学生了，再迟几年……"

"再说吧！"妻子躺下，搂着女儿，闭上眼睛不愿再说下去。

妻子的话让我感动。但是，她的顾虑，其实正是我自己深埋心底的私念。我小时候经历的动荡是我心底永远的痛，我不能陪伴在女儿身边，当然希望妻子能每时每刻守护着宝贝女儿。可是我没有说出口，我不能太自私，不能让妻子自我牺牲，放弃提高自己的机会。不过也不算自私吧，妻子一个人在美国，又要上学又要照顾孩子，连个帮手都没有，岂不是更辛苦？

因此，妻子与她憧憬的 IT 行业失之交臂。

2001 年，一个朋友提议以合作的方式把他经营的产品打入美国市场。我让妻子了解了一下，9 月份纽约有一个商品展览会，机会正好。

我提前到了纽约，妻子带着女儿来机场接机。又是半年没见女儿了，我抱着她，她显得有些紧张。从机场回家的出租车上，我坐在前座，妻子抱着女儿坐在后面。我转过头去，看到女儿的一双眼睛正盯着我看。跟我四目相对时，她马上不自然地躲闪开我的视线，害羞地笑着把脸贴在妻子胸口。女儿期盼着见到我，可是见到了却又有几分陌生。我的心头一阵甜蜜，紧接着是一阵心痛。我陪伴女儿的时间太少了！

9 月 11 日，是展览会的最后一天。早上，我和妻子分头行动，我开车直接去纽约贾维茨会展中心，准备下午撤展时把展品装车拉回；妻子把女儿送到红苹果幼儿园，然后她搭 7 号地铁，赶去会场。我们约好跟朋友在会场门口等着一起入场。

8 点多，我刚开过葛兰街立交桥，长岛高速公路就开始堵车了。我随着车龙慢慢挪动，到了与布鲁克林皇后区高速公路交叉的高坡上，我看到远处曼哈顿的两个烟囱，其中一个在冒着浓烟。那时我对纽约还不是十分熟悉，我只隐约记得靠近曼哈顿的东河边有两个并排而立的烟囱，那里应该是一座电厂吧。

好像什么地方传来消防车或是救护车的鸣叫声，也许是警车。在纽约这种声音一天里可以听到无数次。我百无聊赖地望着车窗外的景物，当我呆滞的目光又扫过冒烟的烟囱时，忽然想到，现在哪儿还有烟囱冒这么黑这么浓的烟！我定睛一看，突然明白那根本不是什么烟囱，那个方向也根本不是电厂的方向，那是 110 层的世贸中心双子塔大厦！

我一下集中了精神：世贸大厦着火了！没错，不光浓烟滚滚，像一条黑色的巨蟒盘桓在曼哈顿的天际线上，还有火焰从北塔楼顶蹿出来。

四面八方都响起了各种各样的警笛声，好像全美国的警车、消防车都出动了。

我慌忙打开车上的收音机，CBS 新闻台播音主持人的声调明显听出是在播报突发事件。什么？……世贸中心……飞机撞上……意外……我没法全部听懂，又把旋钮调到其他电台，同样的声调，同样的内容。起码我知道了，有一架飞机撞上了世贸中心大楼，是一架民航客机！这可是个大事件！

车阵还在一点点往前移动，我的眼睛一刻也不离开世贸大厦。忽然，一架飞机远远地从左边切入了我的视线，直直朝着冒烟的世贸大厦飞去。怎么可能？我来不及思索，那架飞机已切入世贸大厦南楼。有那么半秒钟，我脑海里一闪而过的一个念头是：这只是视觉错觉的影像重叠！然而，随之爆开的巨大火球，像一把利刃刺进我的胸膛。

这绝不可能是意外！两架飞机撞上世贸中心的两幢大楼！

发生了什么？一阵恐惧攫取了我的意识。

我慌乱地扭着收音机旋钮。播音主持的声线高得像在叫，以极快的速率在叫：“……Attack！”我听懂了这个词：攻击！

我的意识几乎陷入停顿。我没想是否还要继续往前开，事实上我也只能往前开：我已经错过了进入曼哈顿的中城隧道前最后一个出口。

收音机里，断断续续传来我听得懂的信息：“……华盛顿特区……五角大楼……第五架飞机……劫持……军方……战斗机……”

发生了什么？难道全美国都受到了攻击？战争爆发了？

我突然想到了妻子和女儿！妻子有没有把女儿送到幼儿园？她是不是听到了通知？她是否上了地铁？

这个时候，我应该跟她们在一起！

我无法跟妻子联系，她没有手机！

我徒劳地拨打着家里的电话，回铃一遍又一遍地响着。如果我能从手机中听到有人接听的声音，我一定会哭出来！

快要进入中城隧道了。在被建筑物遮挡视线的最后一刻，我举起相机——那本来是备来照参展样品的——定格了那一恐怖的画面：熊熊燃烧、浓烟滚滚的世贸双子塔！时隔十几年，那一幕仍历历在目。

中城隧道入口处，站满了荷枪实弹的警察。几个警察指挥着车辆分批放行进入隧道。我的车排在这一拨的第二位。就在这时，警察可能接到了新的命令，一个警察挡在我前面那辆车前，命令驾驶员转向右边，从隧道旁临时打开的应急通道开上去。另外几个警察拖着蓝色的木质拒马，堵住了隧道入口。

所有车辆禁止进入曼哈顿。

我跟着前面的车开上了隧道上方的街道。我不知道该庆幸没有进入曼哈顿，还是该着急没有进入曼哈顿。妻子在哪儿？女儿怎么样？

转过一条街，我又看到了双子塔，火焰燃烧得更猛烈了。突然，右边的那幢楼顶部好像矮了下去。我不相信自己的眼睛，使劲闭了下双眼，再使劲睁大。那幢摩天大楼垂直塌落下去，几秒钟后就消失不见了，随之而起的是滚滚的土黄色尘幕，遮天蔽日，淹没了另一幢姊妹楼，只能看到烈焰翻腾的楼顶。

梦幻之中，我又一次按下相机快门，记录下了那人间炼狱般的场景。

此时我明白，我要去幼儿园接我的女儿，我要确保她的安全！

我焦急地按着喇叭，催赶着前面的车辆。此时我才听到，四周的喇叭声连成了一片。人们都在急切地赶回家，赶向学校、幼儿园，赶向某个地方，急切地要见到自己的家人！

此时，我的手机响了，竟是红苹果幼儿园老师打来的。他们接到市教育局通知，要求家长必须把孩子接回家。我放心了，女儿一切安好！

我的手机又响了，是远在万里之外的父亲。他从电视新闻中看到了美国发生的爆炸性事件，赶紧打电话过来，查询我们是否平安。

可是妻子呢，妻子在哪儿？

我接到女儿往家赶的路上，终于等来了妻子的电话。一向不问世事的妻子，直至走到会展中心，看到一群被拦在门口的参展商们，才知道发生了什么事。在贾维茨会展中心看世贸中心，近在咫尺。妻子惊恐地看着燃烧的双子大楼，惊恐地看着它们在自己眼前崩塌。她茫然无措地站在那里，一直到土黄色的粉尘飘到她身上，成群灰头土脸的人们从世贸中心方向疲惫不堪地走过来。她借用别人的手机，好不容易拨通了我的电话。得知我接到了女儿，她这才放心地加入了逃难般的人群。她步行了足有五六公里，横穿曼哈顿，跨过皇后区大桥，终于挤上了开往家的方向的地铁。

回到家，我和妻子、女儿紧紧抱在一起。

两千多条生命在“9·11”恐怖袭击中化为烟尘，两千多个家庭从此残缺不全。

我总觉得战争和灾难离我们十分遥远，遥远得连想象一下都不愿去想。我从来没有担心过什么能使我和妻子、女儿分开。我理所当然地认为随时可以拥抱自己的家人，所以我疏忽她们，我一年只跟她们见几次面，我忙着工作，忙着挣钱，忙着去为她们创造更多的财富，创造更优越的生活……

然而，亲历这一天，我改变了。

我又想起女儿接机那天怯生的笑容、渴望父爱的眼神……

我也想起大雁一家在池塘边吃草的画面。

有什么能比一家人在一起更重要？

我决定要拥抱当下和妻子、女儿的每一天，我决定不再离开她们。

中式启蒙教育 + 美式放养

*

红苹果幼儿园是当时华人社区学费最高的幼儿园。收费高一定有收费高的道理，它除了硬件棒，有宽敞明亮的教室、一应俱全的设施，最最重要的是，它拥有当时华人社区最优秀的幼儿教师。她们都受过高等幼儿专业教育，一个个气质清纯，慈爱温良。

女儿喜欢她的每一个老师。最喜欢的，莫过于她的英语老师特雷西。特雷西是一位“ABC”（美国出生的华人），她年轻活泼，和蔼亲切，英语纯正。她跟幼儿园的孩子们在一起，更像是一位大姐姐。她给孩子们读故事书时充满真情实感，语言生动有趣，声音甜美。她会学着老爷爷低沉颤抖的声调，也会模仿狮子、大象、羚羊和小鸟的口气，把那些优美的童话故事，像春风雨露一样，洒进孩子们幼小的心灵。女儿对特雷西崇拜不已。有一次特雷西给孩子们读完书，女儿学着特雷西的口气对她说：“特雷西女士，你是最棒的！”

女儿被那些故事深深吸引了，回到家也缠着妈妈给她读故事。我们从中国买了一些中文的童话故事，她总是安静地坐着听得津津有味，听完一本还要听第二本。

有时妻子也会带她去图书馆。女儿一旦在书架上看到特雷西在幼儿园给她读过的书，就会一把抓过来，对妻子说："妈咪，这本书我好喜欢！我读给你听好吗？"说完就煞有介事地翻着书页"读"起来。那股认真劲儿，好像书里的字她全认识一样。特雷西读给孩子们的每一个故事，都深深地记在女儿的心里。我想，女儿一口纯正的美式英语发音，也一定是特雷西优美动听的声音为她奠定了良好基础。

人们常说看人看三岁，不就是看幼儿园吗？起跑线上，女儿的第一步，在红苹果迈得很坚实。

我们当然不会仅仅满足于红苹果的教育。我们可不能像当年我的父母一样，把女儿交给幼儿园就一了百了。我们要尽做父母的责任。

在女儿上幼儿园之前，妻子经常带她回国，听说了不少有关早教的信息。尽管我们觉得那些说法有点儿荒唐可笑，但多多少少对我们还是有些影响。我们觉得也应该做些帮助开发女儿智力的事情，起码要比老美超前一些。

除了前面说的中文童话故事，女儿再大点儿，我们买了幼儿版《三字经》《弟子规》、唐诗宋词等图书。不管女儿听懂听不懂，只管教她一遍一遍地跟着妈妈念。当然，在时间上是非常灵活的，不能让女儿感觉疲劳，她在幼儿园上课已经够累的了。我们没有让女儿背诵太多东西，算下来，女儿大概背会了十首唐诗，像“床前明月光”“鹅鹅鹅，曲项向天歌”之类的。

我们给女儿买了很多乐高积木玩具，从最简单的到相对复杂的，比如像芭比娃娃之家。还有拼图游戏，从几十块儿的拼图到几百块儿的拼图。这两种游戏经常是女儿和我一起做。女儿的兴趣很高，我们常常坐在地板上一玩就是几个小时。最后的两幅拼图，都是一千块儿的。两幅拼图的每一块儿颜色相似度很高，有时候拼半天一块儿也对不上。尤其是那幅雷诺阿的风景画，几乎每一块儿看起来都一模一样。有好多次女儿都要放弃了，但过了一天，她又会坐回拼图前。当拼图终于完成，女儿开心得又蹦又跳。很多年过后回想起来，女儿做事情总是很有耐性，当年这些益智游戏，恐怕是功不可没。

我们买了很多彩色粉笔，让女儿在地板上学写英文字母，写1、2、3，画小人儿、太阳、房子，但更多的是乱涂。自然，擦“黑板”是她老爹的差事。后来因为她好动好跳，楼下邻居提意见，我们只好给家里铺上地毯。之后，我们家的墙壁就成了女儿的“黑板”，只不过擦起来要费我更多的力气。我们的家具上也都让女儿贴满了海绵宝宝、白雪公主和猫咪、小狗的贴纸。妻子开玩笑说：“你就惯着她吧，让她像你小时候一样没规矩！”

我说：“我小时候哪有这种待遇？”我小时候，也确实在家里的水泥地上练习写字，不过是自己写自己擦，从来没敢往墙上画过一笔。我不记得挨过父亲的打，但他严厉的神色，让我大气都不敢出。

某些时候，孩子们还真要有点儿无拘无束。

我们还在继续发现女儿的聪明之处。

做父母的，如果自己有某个方面的天分，或者连天分都谈不上，仅仅是半瓶子醋，也会一厢情愿地希望自己的孩子遗传自己的优秀基因，继承自己的天分。

比如画画。

小时候，我酷爱画画，自以为有点儿天分。长大一些，就买了素描基础的书，还有靳尚谊的素描作品集照着画起来。小学二年级时我就画过学校的板报，高中时学校的板报更是我一个人包办。画画陪我度过了知青岁月的农闲时光。想进一步提高的时候，我请求父亲帮我找一位老师。父亲这次倒痛快，给我找了一位当时泰斗级的国画名师，只因这位名师当时正巧属于父亲照管的文艺界赋闲名人。可惜这位名师是画国画的，而我却只想学油画。而且这位老画家已年逾七十，又有眼疾，拜师之事自然不了了之。高考的时候，我加试了美术。复试时的一位监考老师正好是我的中学美术老师，此时是考场所在师范学院即将毕业的工农兵学员。出了考场，这位老师高兴地告诉我，她的老师也就是考场的主监考老师，看了我的画，说只要我的第一志愿填报的是这所大学的美术系，就有把握能被录取。我却一点儿也高兴不起来：我连第三志愿也没报这所大学！然而命运却跟我开了一个大玩笑：我看不上这所大学的美术系，却被分配到同样被我看不上的这所大学的中文系！我别无选择地来到这所大学，但我的美术梦就此终结了。

然而，画画始终是我的一个心结。它像一个不愿离开主人的幽灵，潜伏在我的身体深处。我关心看到和听到的任何有关中国及世界的著名画家和名作的新闻，我到任何城市，只要时间许可，我都会去当地的（美术）博物馆。

幼儿园开始教画画时，我忽然想到，女儿会不会遗传我的美术基因啊！我热情上来了，在家耐心指导女儿画画，女儿也对画画表现出挺高的兴致。有一天，女儿的一幅抽象画被老师选中送去参加学区的幼儿画展，得了个二等奖。“继续努力，女儿一定会拿到一等奖。”我安慰自己。然而过了一段时间，女儿画的画并没有太大起色，再也没有得过什么奖。逐渐地，她对画画失去了兴致，画的画越来越像涂鸦。

我有点儿小失落：我只不过是幻想罢了，女儿没有遗传我的美术基因。培养女儿圆我的画家梦的梦也终结了。

又比如音乐。

女儿的姥爷是位音乐家，尽管他的儿女们没有一个传承了他的音乐细胞，我还是一厢情愿地希望这种天才基因能够隔代遗传。我想让妻子教女儿拉小提琴，以她当年拉琴的水平，教女儿应该绰绰有余。妻子却说，你以为我没想过？你不是说你小时候是个音盲吗？这倒好，你的美术基因没传给女儿，倒把音盲基因传给她了。我观察好多天了，女儿回家唱她在幼儿园学的歌，经常跑调。你就是再不懂音乐，最简单的，你听听她唱《铃儿响叮当》，哪个“叮叮当”不是低半个音？拉小提琴最重要的是音准，拉跑调了自己又听不出来，多吓人呀！跟杀鸡似的。再说了，谁这么小就学小提琴？

有时候我会想，我们眼中女儿的“聪明”，也许只是我们做父母的由爱所生的幻觉。也许比起其他孩子，女儿其实并无过人之处。

那又怎样？

十几年前，我们居住的社区远没有今天这么繁华，居民以老美（白人及其他族裔）占多数，华人还没有韩国人多。由于交通便利，这里成为大批华人新移民落脚的首选地。如今这里的居民华人占了绝大多数，已经成为纽约三大华人聚居区之一。生活在这里的华人以中下阶层工薪族为主，也有不少从事贸易的商人和餐饮业者，还有以打零工为生的没有合法身份者。

华人中的专业人士一般住在皇后区的新鲜草原、贝赛以及延伸至长岛的宽敞社区。那里环境优美，治安良好，多是独栋或连栋住宅，邻居大多是中产白人。这些华人专业人士基本上都是中国改革开放后赴美的留学生，他们看中的不仅是这些社区良好的居住环境，还有分布其间的多所明星初中、高中。

但是，当年那些郊区社区没有像红苹果这样的高档华人幼儿园，所以这些专业人士不惜每天开车接送，把他们的孩子都送到了红苹果。女儿同学的家长们，几乎是清一色的专业人士。他们具有硕士、博士学位，在美国职场打拼多年，拥有丰富的信息资源和社会关系。受高端主流文化影响，他们有较强的向上流动意识，早早地开始着手为子女规划人生未来。

多数时候，女儿上幼儿园都是妻子接送，偶尔我提前回家，也会去红苹果接女儿。我看到孩子们或天真烂漫，活泼可爱，或文静乖巧，举止得体。当然，在我眼里，还是我女儿最漂亮、最聪明。在等待孩子们下课的几分钟里，有时候我会跟其他家长打招呼，也会聊到各自的职业。我为女儿有这么多有着良好家世的小伙伴而欣慰。我从未想过我与这些专业人士家长职业背景的不同，将会对自己孩子的成长有什么不一样的影响。

我和妻子不知道的是，在这群大多数连拉屎撒尿还不知道“报告”老师的两岁孩子背后，一场不动声色的竞赛早已在孩子家长们之间开始了。

转眼间，女儿五岁了。离开幼儿园的那一天，女儿依依不舍地跟老师一一告别。一位一直以来都不苟言笑、不与家长有太多交流的负责老师跟我妻子说：“你女儿很聪明，你们最好给她多报几个班，说不定哪个方面能显露出她的天分呢！”

我妻子莫名所以地问：“报班？什么班？”

老师略显诧异地说：“就是美术班呀，芭蕾舞班呀，钢琴班什么的。咱们幼儿园很多小朋友都在上呀！你不知道呀？”

妻子脸红了，尴尬地摇摇头。

回到家里，妻子跟我说起老师的话，我不以为然地说：“那都是孩子家长瞎起哄，学国内那一套！这儿是美国！老美谁家孩子上这些班呀！”

华人孩子的必修课——钢琴

*

到了该上学前班的时候，红苹果幼儿园的孩子们大多被他们的父母送进了自己郊区住家所在的小学。按照就近入学的原则，女儿被分配到学区内的公立小学。由于资讯闭塞，我和妻子根本没有所谓“好学区”的概念，只是从此数年没了红苹果幼儿园那些小朋友的消息。很多年后我才得知，那些孩子不仅上了好学区的好学校，有几个还直接考进了俗称“天才班”的资优班。

尽管我不以为然，妻子还是给女儿报了由原中国著名芭蕾舞演员开办的幼儿芭蕾舞班。差不多一年后，一次送女儿上芭蕾舞课的时候，妻子遇到了当年红苹果幼儿园一个小朋友的家长。那位家长问起我女儿都上过什么班，妻子有点儿馁馁地告诉她，这是我女儿的第一个班，然后妻子问她的女儿都学点儿什么。

“多了！画画、网球、游泳，不过她都不是那块料！现在还在上的就只有钢琴、击剑，还有这儿，芭蕾。”

不值一提的口吻，却掩饰不住优越和自豪之情。

击剑，多么尊贵高雅的运动，有点儿遥不可及。

钢琴？有点儿让妻子心动。其实一年前红苹果幼儿园的那位

老师好意提醒后，妻子就动过让女儿学钢琴的念头，然而一蹉跎一年过去了。

妻子假装随意地问：“钢琴学多久了？”

她的回答让妻子吃了一惊：“两年。四岁开始学。”

或许是一种小小的炫耀，这位家长说，正好，下个周末她女儿的老师组织了一场学生演奏会，邀请我妻子届时前去观看。

我陪着妻女二人一起观看了那场演奏会。当昔日的小伙伴身着漂亮的蓬蓬裙一脸小骄傲地出现在舞台上时，女儿激动地拍起了小手，眼睛里充满着羡慕和向往。我不知道小小演奏家们稚嫩但还算精彩的琴声有没有打动女儿，但肯定打动了妻子。准确地说，那一只只小手指在琴键上敲击出的每一个音符，都像千钧鼓槌，敲击着妻子焦虑的神经。

看完演奏会回到家，妻子第一次表露出深深的沮丧。她看到了女儿与那些同龄孩子的差距，她从盲目自满和自我安慰中猛然惊醒，别人早已起跑了，必须迎头赶上！

钢琴，正式被提到我们家的议事日程。

钢琴，一下子让我联想起有关郎朗的故事，那魔鬼般的训练，非人的经历！我从未想过让我的女儿走钢琴这条路，我可不想让女儿吃这种苦！

妻子安慰我说，放心吧，我学过小提琴，知道学乐器有多苦。我不会让女儿吃这碗饭，我只让她考过 NYSSMA（隶属美国音乐教育协会的纽约州中学音乐协会钢琴考级标准）六级，最多考过英国皇家八级就不学了。

接着妻子罗列了学钢琴对孩子的其他好处：学习音乐有助于开发儿童智力，特别是双手协调训练有助于左右脑开发，有助于培养孩子的自律能力。还有，古典音乐能够提高人的品位，陶冶性情……

既然有这么多好处，那就让女儿学吧！管他什么皇家八级王室九级呢！在我的概念里，对一个六岁女孩子来说，那差不多相当于20世纪60年代女孩子们跳皮筋儿，每跳过一轮就把皮筋抬高两寸。

就这样，不再考虑女儿是不是有音乐天赋，也忽略了女儿的身体条件（女儿手小），更没有询问女儿的意愿（六岁的孩子懂什么“意愿”！），就开始张罗着买琴了。

女儿三岁以前，我多数时间都在国内，妻子一个人在美国带孩子。女儿的大事小宜，妻子亲力亲为，细心周到，对女儿呵护备至。婴儿时的女儿人见人爱，谁都想抱抱她。她看见谁都笑，她那像小猫咪一样可爱的小脸，她囟门上那撮好像永远都被风吹得向上飘扬的细软的黄发……除此之外，一个重要的原因是当你抱起她时，她身上闻起来永远是香香甜甜的。这都是妻子的功劳。她总是把女儿的衣服和襁褓洗得干干净净，绝不会留有一丝异味。女儿属虎，用这些年的流行语来说，妻子是名副其实的“虎妈”——

小老虎的妈，一个天底下最温柔的虎妈。

然而，从那架立式钢琴摆在我们家起居室后不久，我发现，妻子其实是另外一个完全不同意义的“虎妈”，与“小老虎的妈”无关。

妻子为女儿找到了华人圈颇有名气的C老师。女儿拜师考试的时候，妻子担心的音盲问题果然被验证了，女儿的唱、听能力都差强人意。但C老师认为凯特很有灵气，悟性很高，加上听了妻子介绍她父亲的音乐背景，很乐意地接受了这个小学生。

妻子懂音乐。女儿上钢琴课的时候，妻子会陪在一旁，详细记下老师教课的每一个要点。回家以后，妻子俨然就是女儿练琴的指导老师。她站在女儿身后，每听到一个错音或是节拍不对，她随时叫停，指出女儿错在哪里，正确的应该怎么弹。只不过她的指导远不如钢琴老师那么心平气和。

女儿真的聪明，进步神速，C老师很快就开始对凯特赞不绝口。女儿也很快喜欢上了钢琴。放学一回家，她就自觉地坐上琴凳认真练习起来，时不时歪着脑袋，两只脚悬起来晃来晃去，小样儿可爱极了。

渐渐地，简单的音阶练习变成了短乐曲，后来有一天，我竟然听到女儿弹出了一首经典浪漫钢琴曲，那是早年我在广州一家五星级酒店大堂听过的，弹琴的是一位年轻女琴手。当时那首曲子深深打动了我，同时我觉得那个女孩儿琴艺了得。而今我的女儿也能弹奏这首经典曲子了，她才几岁呀！

然而好景不长，女儿渐渐厌倦了练习曲，厌倦了重复一遍又一遍的技巧训练；她不喜欢巴赫、贝多芬的曲子，认为那些曲目太沉闷，练习的时候明显浮躁，敲出来的音带着情绪；要不就是走神，弹着弹着就连不上了。她就喜欢老师给她一部难度高的曲子，尤其喜欢莫扎特和肖邦那些“有趣”的作品，可她的技术水平又达不到那么细腻，更不要说完美诠释那些高炫技的曲目了。练了一段时间拿不下来，她也会急躁。

这个时候，妻子指导女儿的语调就开始升高了。随着她的语调一天比一天升高，我越来越感知到妻子的一个缺点：缺乏耐心，脾气火爆。

女儿练习课程的难度越来越高，妻子调教语气的火药味儿也越来越浓。

“你怎么越弹越快？”

“颤音打得不对！”

“这段要用力！要有激情！”

“你怎么像在砸琴？没有一点儿感觉！”

“老师给你讲过这首曲子讲述的是什么故事吧，你哪儿弹出了一丝忧伤？”

可怜的女儿，如果你能把心中练琴的委屈弹出来，一定能够最好地诠释什么叫忧伤，或者叫幽怨。

有时候妻子的辅导已经超出了乐曲的范围：

“你的脖子伸得太长了！”

“肩膀架得太高了……”

女儿每天练琴的过程，就是我心惊肉跳的过程。我当然是为女儿担惊受怕。我不知道女儿怎么能承受得了耳边那一声声重磅炸弹的爆炸。

其实在我这个音盲听来，女儿进步很快，练习曲目的难度越来越大，音调、节奏精准度越来越高。最明显的变化就是，妻子不用一直站在女儿身后盯着了。她去做她自己的事情，但灵敏的耳朵时刻捕捉着琴房里的每一个音符。你不可能放松心情，平静中时刻潜藏着危机。在女儿悠扬的琴声中，经常伴着妻子在厨房有节奏的切菜声。但突然之间，你会听到从厨房传来像枪响一样“啪”的一声，妻子将菜刀拍在案板上，像猛虎下山一样吼叫着冲到琴旁。

女儿再大几岁，随着她对妻子吼叫的承受力越来越强，也开始表现出一点反叛情绪。她有时会顶撞妻子，说“你说得不对！”或是“老师不是这样教的！”这种反抗是徒劳的，也会招致一顿喋喋不休的数落，甚或一场规模不可预测的风暴。女儿停下练习，一声不响、一动不动地坐在琴凳上。随着妻子叫喊的分贝越来越高，女儿眼里流出委屈的泪水，倔强地瞪着疯狂的妈妈。

这种时刻，我不能说一句话。只要我鼓足勇气试图张口灭火，妻子那声震耳的“你少插嘴！”就在等着我。

它甚至会发展成一场吞噬我们三个人的灾难性飓风。

节拍器被摔坏了三个。

曲谱被扔飞了无数次（还好摔不破）。

女儿的琴技在不断提高，曲谱越来越长，旋律越发变化多端。女儿弹奏的曲目比起早年我听到的那几首浪漫钢琴曲，难度系数高了许多。老师开始让女儿参加他的年度汇报演出，参加区里钢琴教师协会的比赛。渐渐地，女儿成为这位钢琴老师最优秀的学生之一。妻子的指导过程中，也渐渐多了赞扬声。女儿坐在钢琴前看上去越来越自信。

而在我看来，钢琴在女儿的生活中所占比重越来越大。学校里的功课对女儿来说毫无问题，而每天两个小时的钢琴练习，虽说还没有完全占用女儿的课余时间，但是压力……我认为在女儿这个年纪所能承受的压力方面，练习钢琴占去了不应有的比重。我有点儿怀疑当初决定让女儿学钢琴时妻子跟我说的那些话是在哄我，还是连妻子自己也不知道学钢琴究竟对女儿意味着什么。我只觉得女儿的习琴之路越来越偏离我所理解的学琴初衷，而且越走越远，无法回头。

小池塘里的大鱼

*

女儿小学二年级的一天，我和妻子去学校参加一对一的老师和家长见面会。

通常，这是一次例行会面。女儿的功课从来没有问题，其他方面表现也一向正常，每次这种会面，基本上都是老师讲一通女儿如何完美之类的话。一般每个学生家长与老师有五分钟交流时间，我们差不多三分钟用不到就结束了。

这一次，老师特地把教室门关上。从她的表情，我能感觉到这次谈话不同往常，心头稍微有点儿紧张。

老师先是照例说了一番褒扬女儿的话，然后话锋一转问道：“你们听说过小池塘和大池塘的故事吗？”

我和妻子摇摇头。

“没有？好吧。”她好像迫不及待地想跟我们讲这个故事。

“有一个小池塘，小池塘里有一群小鱼，它们之中相比之下有一条最大，对于这个小池塘里的鱼来说，它就是一条大鱼。但这个小池塘已经没有太多让这条大鱼长大的空间了。还有一个大池塘，里边也有很多鱼。如果把小池塘里的那条大鱼放在那个大池塘里，它就会有长成更大的鱼的空间。但它跟大池塘里其他的鱼比起来会是一条小鱼。将来它有可能长成大池塘里的一条大鱼，也有可能一直都是大池塘里的一条小鱼。”

我有点儿听出来她这个故事跟我女儿有关，只是想不出故事里的“大池塘”有什么意义。

她慈爱地望着我女儿，脸上展现出像揭开谜底一样的兴奋：“现在，你们的女儿就是小池塘里的那条大鱼。她是我们年级最优秀的学生。她非常聪明，她应该、也有能力接受更多的知识。但是我们学校是一所普通的公立小学，我们不能为她开设额外的课程。我们学区有几所小学开设有天才班课程，我强烈建议你们让女儿参加全市的天才班考试。如果考上了，她就可以分配到其中一所学校的天才班学习。”

她笑容灿烂地看着我妻子的眼睛说：“那么，你们愿意让你们的女儿去做那个大池塘里的小鱼吗？”

妻子和我面面相觑。我没有丝毫心理准备，心脏因激动和无措而怦怦直跳。

老师用轻缓一些的口气说：“当然，她还可以留在这里继续做小池塘里的大鱼，这样她也许会觉得自在些。天才班里都是非常优秀的孩子，去了那里可能不再会有以前的优越感。但是我有信心她在那里一定会很快适应的。你们也应该相信这一点。”

我说：“谢谢老师给我们美好的建议。既然你对我女儿有信心，我们当然也有信心。”我语带犹豫地问：“但是，假如……”我强调了一下“假如”：“假如，万一她在天才班跟不上的话……”

老师笑出声来：“不用担心！假如她在那里不适应或者不开心，她随时可以回来！你们不用现在就做决定，回去好好考虑一下，结果请尽早让女儿告诉我。每个学校的学生报考天才班是有名额限制的，首先要有老师推荐，才有资格参加考试。如果你们决定让女儿参加考试，我百分之一百推荐她。”

我们走到门口，老师又说了一句：“她一定行！你们一定会为她骄傲的！”

她和我女儿拥抱了一下。她兴奋的神情，好像将要游向“大池塘”的这条“小鱼”，不是我们的女儿，而是她的女儿一样。

“天才班”是通俗的叫法，全名为 Gifted & Talented Program，就是资优课程。

美国是一个公立教育和私立教育并行的社会。美国早期的学校基本上都是私立的。进入 19 世纪，美国的公立教育（当时叫平民教育）开始迅速发展，到了 19 世纪末，全美公立学校的学生达到 1270 万，为平民家庭孩子所提供的教育比当时其他任何国家都多。到了 20 世纪中期，对很多美国人来说，普及从幼儿园到高中教育的理想已经成为现实。美国（公立）教育体系为中低收入家庭学生提供改变其社会处境的机会，取得了举世公认的成就。

但是，作为提供“大众教育”的公立教育系统长期遭人诟病：经费不足、教材落后、课程设置单一、师资水平不一、教学质量低下。而面向有钱阶层的众多私立学校，由于有雄厚的财力支持，集中了最优秀的师资队伍，设置了多样化的课程，包括那些“贵族”课程。

其结果高下自明：私立学校的毕业生大多进了私立大学名校，而旨在代表“平等教育”理念的公立学校的学生，更多只能上普通州立大学和职业技术学院，还有一部分直接进入社会的劳工市场，更不要说那些连高中都没上完的了。

自 1918 年开始，公立学校开设了正规的资优课程，把公立学校最好的教育资源分配给一部分天资聪慧的孩子，以提高与私立学校优质生源的竞争力，同时为没有雄厚财力进入私立学校的家庭提供优质教育的平等机会，为国家和社会选拔和培养最优秀的人才。随着美国联邦及各州政府在公立教育的投入越来越大，资优教育也越来越受到重视。美国国会甚至立法明文规定，天才儿童有权利得到适合自己的教育服务。

近年来，精英教育越来越受到美国中上阶层家庭追捧，公立学校的资优班吸引了越来越多的家长，不再仅仅是一般的工薪家庭。随着私立学校有限的入校名额竞争越发激烈，越来越多精英阶层的家长也在挤占公立学校的资优班份额。

天才儿童备考补习班（学校）就此应运而生。时至今日，它已然发展成一个庞大的产业。不管是收费数千美元、面向私立学校的备考班，还是收费数百美元、提供公立学校资优课程测试训练的备考班，都是门庭若市。私立学校备考班有专门的签约备考公司提供统一的训练考题。而面向公立学校资优课程考生的备考班，则多是根据纽约市教育局过往几年相对固定的考题范围，让学生们大量演练试题。其结果是产生了越来越多的高分考生，导致每年越来越多人即便考取高分也无法获得进入资优班的资格。而在以最高分被录取的学生中，每年都有人因实际程度无法跟上资优班的课程中途退出，转回普通班，凸显了备考班的弊端。无奈之下，很多私立学校放弃了被称作 ERB（美国教育档案局考试）的入学测试。纽约市教育局也在 2013 年宣布更改资优班测试内容。不过，2005 年公校系统的资优班远不像今天广为人知，像我们这样孤陋寡闻的家长自然闻所未闻。从另一个角度讲，我们的信息闭塞使女儿免去了小小年纪（六岁或更小的四岁和五岁）长达六个月枯燥乏味的天才班备考训练。

现在，女儿的聪明，不仅仅是作为父母的我们主观上的认定了。老师推荐凯特上天才班，就是对她的聪明的客观认定。如果女儿能考上资优班，那就更是有衡量标准的认定了。

可是，女儿真的够聪明吗？万一女儿在资优班感到吃力，岂不是拔苗助长？妻子和我都不希望女儿受一点儿委屈。万一她再被退回 120 小学，岂不是对她自尊心和自信心的双重伤害？

第一次为女儿的前途做抉择，真有几分女儿即将降生时的感觉：激动，伴随着忐忑。

最后，对老师的信任和对女儿的自信让我们做出了决定。

120 小学选送了六名学生参加考试。

一整个暑假漫长的等待。第一次，因为女儿，感受到焦虑。

希望，却给我们带来焦虑。就像欲望，希望越高，就越发焦虑。

焦虑，是害怕失望，害怕失去展现在眼前的希望。

这样的情景，伴随着女儿一个个更大的希望、一个个更高的目标，在女儿的人生道路上一次又一次出现。

俗话说，山外有山，天外有天。我和妻子来到美国时间不长，没有像国内那样的人脉。我们俩都不是长于社交的人，身边认识的人多是萍水相逢。我们没有那些在曼哈顿上班的专业人士的资源。那时的互联网也不像今天这么发达。我们看不到山那边的风景。我们的世界，除了家，就是我们的小公司，有点儿像童话故事的开头或结尾所描述的那样："……他们一家人过着幸福、平静而平凡的生活……"

现在，女儿的老师给我们展现了山那边的风景。那不只是一个"大池塘"，那是一个更大更美的世界，一片更加广阔的天地。

那里有无限的希望、无限的遐想空间。

我时常在想，如果这一切都没有发生，我们现在的生活会有什么不同？

无论如何，从那天起，我们的生活不同了。

大池塘……

*

120 小学选送的六人中，只有两人获资优班录取。我女儿是其中之一。

女儿进了资优班，妻子也发生了微妙的变化。等候女儿乘坐的校巴时，她开始加入其他家长们的交谈。以前她只会跟人家互道一声“嗨”。一点点地、不完整地从那几个白人、印度裔、华人家长的口中，她得到了越来越多的信息。我们也开始关注中文报纸有关中小学教育、升学方面的文章。我们从细节上越来越清楚，接下来女儿还会上好中学、好高中、好大学。她会进入名校，她的前途一片光明！

不知不觉间，女儿这艘小艇划上了赛道。而妻子，开始用她生涩的手指抓住了小艇的舵环。

妻子开始走出去，打听各种校外体育运动兴趣班。因为美国人热爱体育运动，名校录取学生不光要看他的学习成绩，还要看他有什么体育专长，在哪些运动项目上取得过什么名次。光会弹钢琴、跳芭蕾是不够的。

我们给女儿报了游泳班、滑冰班。报这两个班我都积极支持，某种意义上是圆了我儿时的心愿。我小的时候，父母不准我做这些危险的事儿，看着别人家的孩子夏天水里畅游、冬日冰上飞翔，每每让我羡慕得要死。我在父母无暇自顾时偷偷学会了“狗刨式”，下乡做知青时才泳技渐长；上大学后第一次跟同学一起滑冰，笨手笨脚的我直挺挺地摔倒在地，后脑勺直直地掼在冰上，差点儿摔个脑震荡。我认为，游泳是一项很好的锻炼身体的运动，也是一项人生必不可少的技能；而滑冰，是一项非常有趣的活动，也非常酷。但是对于女儿参加了游泳班、滑冰班就意味着她将具有某种运动专长甚至能取得某一级别比赛名次的想法，我心存保留。我们两家谁曾有过运动细胞啊！

我们要开阔女儿的视野。

那年的“美国天才儿童领袖夏令营”适逢在华盛顿特区开办，招生简章看得我激动万分。重量级政府官员和500强企业首席执行官主讲的领袖培训课程、参观国会大厦、会见国会议员等内容强烈吸引了我。这么好的机会无论如何不能让女儿错过！

女儿到夏令营的第一天晚上，因为第一次跟陌生的小朋友住在陌生的城市而恐慌不安，一直到困顿难挨才昏昏睡去。第二天，她很快跟来自全美各地的小朋友们熟络起来。他们在国会议员的办公室跟议员们握手，煞有介事地坐在会议室里听那些西装革履的大人讲“领袖气质”。她转遍了首都各政府大楼和博物馆，用特地买给她的玫瑰红色小相机，照下了雄伟的国会山、庄严的白宫和直插云霄的华盛顿纪念碑。尽管多年后得知“美国天才儿童领袖夏令营”跟国会啊，议员啊，白宫啊没有任何关系，但我还是相信，这段体验一定在女儿幼小的心灵中播下了“领导力”的第一颗种子。领导力，那可是大学名校最看重的特质之一啊！

女儿的性格随了我和妻子，胆小、拘谨、敏感、不善言辞。这在个性张扬、提倡自我表现的美国，就是缺点。

美国的小学，每年都会打乱上一年的班级，重新编排新班，让一部分互不相识的同学组成新的社交圈子和合作团队。班主任老师也是一年一换。我想这样做一方面是出于公平机会的考虑，另一方面也是为了锻炼和培养孩子们的适应能力和自信心。

尽管忧心女儿的适应过程，我还是十分认同这种做法。如果碰上一个不喜欢你的班主任老师，那么你就会连着几年都没有好果子吃！毕竟是人都会有脾气性格投缘不投缘的时候，每年调换老师能给每个学生更多公平的机会。

美国的小学老师都很友善、出色，至少女儿的老师都是这样。她们很专业，很敬业，有耐心，无私心。她们善于发现孩子们身上的优点和优势，不吝赞美和鼓励。她们洒入女儿心田的，是阳光。对此我一直心存感激。见过我女儿的人都说她很阳光，那些老师的赞美和鼓励功不可没。有人说美国这种表扬和鼓励文化容易助长孩子们的虚浮之风，我却觉得育人的事情，什么都是因人而异。对我女儿来说，她需要的正是老师的赞美和鼓励。批评和指责的工作，自有“虎妈”在家等着，随时随地。

刚入资优班，女儿曾有短暂的不适应。她已经在 120 小学待了三年，有点儿念旧，加上女儿的性格，对陌生的环境有些抵触。有一天，与她同时从 120 小学考入资优班的小女孩受了委屈，哭了起来。她的哭声牵动了女儿的情绪，女儿也哭起来。班主任老师阿莫托女士关心地问她为什么哭，女儿嚷嚷着说：“我不喜欢你们这里！我要回到我们原来的学校！”

阿莫托女士给逗笑了，她弯下腰，用关爱的目光看着凯特，问道：“能不能告诉我，你是从来都没有喜欢过这里，还是今天不喜欢？”

女儿停止哭泣，想了想答道：“今天不喜欢！”

阿莫托女士双手轻轻放在女儿肩上说：“那让我们看看，如果过了明天，你还是觉得不喜欢，我们再考虑是否回到原来的学校，好不好？”

女儿噙着泪点了点头。但是，直到放学回家，她的情绪还是有点儿低落。妻子看出来她好像哭过，忙问她是不是受到了欺负。女儿原原本本讲了事情经过，妻子心疼地问她：“你想回到 120 小学吗？”

女儿点了点头，马上又摇了摇头说：“不想。”

晚上，妻子跟我说起这件事，有点儿怀疑我们的决定是不是太草率了。

我也一样。我想到自己十岁时随父亲工作调动转到县城的一所小学，很长时间都不喜欢那里，一直都没有喜欢过那里。当然，部分原因是从市里最好的实验小学转到了小县城条件差很多的学校。而女儿才刚八岁！

我又想到了120小学老师讲的小池塘和大池塘的故事。我硬起心肠，跟妻子说："咱们再看几天吧！"

女儿当然没有回到120小学。

后来阿莫托女士告诉我，从那天开始，这个孩子就引起了她的注意，而且一下子喜欢上了她。

为了让女儿克服新环境的孤独感，阿莫托女士让她参加了学校的竖笛小组。女儿觉得这是老师对她的认可，还产生了一点优越感。

女儿的眼睛近视加散光，医生要求她佩戴眼镜矫正。女儿很抗拒，认为戴眼镜难看，怕同学们取笑。戴眼镜上学的第一天早上，女儿噘着小嘴上了校巴。可是下午放学的时候，女儿却是一脸欢笑地跳下校巴，她拉着妻子的手连连蹦着说："妈咪，阿莫托女士说我的眼镜很漂亮！她喜欢！"女儿再也没有觉得戴眼镜不好看。老师看似不经意的一句赞美，就能改变孩子的负面心态，拾回自信。

女儿很快融入了新的集体，她的成绩也很快赶上了已在资优班三年的同学。她这条迟来的小鱼，在这个大池塘里越游越自如。

遇到一个好老师，可以让你终身受益。

女儿从阿莫托女士身上学到的最宝贵的东西，就是规范、有条理。阿莫托女士不光对学生耐心细致，而且做什么事都很规范，有条理。她也是这样要求她的学生的。

我记得女儿就是从那时开始做计划的。她用尺子比着规规矩矩画了一个“课程表”，规规矩矩地在每个小方格里填上每一天每节课的内容，尽管星期一到星期五的课程看上去没有太多不同。

女儿到资优班的第一次英文作业是写信。信写得很好，但是只得了 95 分。被老师扣掉的 5 分，是因为女儿把寄信人的姓名地址写在了信纸的左上角。而正确的写法应该是写在右上角。

连文章中标点符号有任何错误，阿莫托女士也不放过。

要知道，大学申请论文中的标点符号错误，也会影响招生官对你的评判。

女儿从那时起就养成了规范、条理的良好习惯。这些良好习惯成为她日后应对亨特高中和哈佛大学那种学业繁重且社团活动众多的名校生活不可或缺的法宝。直到今天，女儿一直保持着做计划的好习惯。当然，她现在的日程表比当年的课程表复杂多了。她每年都要买一本精致的每日计划簿，还会在电脑上做一个一星期的详细规划表，密密麻麻地排满了每天要上的课、做作业的时间、各种社团活动的时间、锻炼身体的时间等要做的事情，精确到以半小时计。

女儿还模仿了阿莫托女士的一手好字。

女儿和她们的竖笛小组在享誉世界的卡内基音乐厅登台演奏。这也是她第一次登上卡内基音乐厅金碧辉煌的舞台。

资优班除了优化的教材和课程，还有许多一般公立学校所不具备的丰富社会资源。一些营利或非营利机构，针对私立学校和公立学校的资优班，举办各种夏令营等校外技能拓展项目，给那些聪明的孩子增加学习更多知识、扩展更大视野的机会。

四年级的时候，班主任雷女士把颇负盛名的尤丝妲夏令营的机会给了我女儿。

尤丝妲位于纽约长岛，已有 50 年历史，是专为有各种艺术天赋（或兴趣）的青少年开办的艺术夏令营。尤丝妲会邀请世界级的老师和访问艺术家给不同艺术爱好的学生讲课，进行专业基础训练。每年暑假，都会吸引 1500 名青少年来到这片 140 英亩森林覆盖的营地，度过几个星期多姿多彩的时光。女儿得知消息，在屋子里跳个不停。每逢非常非常高兴的事情时，女儿就会这样不停地跳。

从某种程度上说，女儿热爱芭蕾舞，要胜过热爱钢琴。弹琴还常有疲惫和厌倦的时候，跳舞女儿从来都没有烦过。练劈腿、拉腿、扳脚，她从不说苦言累。每次上完芭蕾课上了我的车脱下鞋，大脚趾红得发紫，她也从不叫疼。舞蹈老师 Y 老师喜欢凯特喜欢得不得了，她跟我妻子说了许多次，说凯特有舞蹈天赋，又天然长了一副芭蕾舞者的高脚弓，想培养她朝专业芭蕾舞发展。妻子总是笑笑，不置可否。她怎么舍得让女儿吃那个苦啊！

所以，女儿长这么大，参加尤丝妲夏令营恐怕是她最期待的事了。我们一起去营地参观的时候，专业级的练舞房宽敞明亮，比 Y 老师的练舞房大了不知多少倍，令女儿惊叹不已。高大又茂密的橡树林中，曲径穿越其间，一座座小楼掩映，犹如置身童话世界。别说孩子们喜欢，连我都想住下来。

女儿在尤丝妲接受了更高水平的芭蕾舞训练，同时有机会向其他女孩子展示她相当水平的舞蹈功底。她还接触了多种不同的艺术课程，也结识了更多来自纽约各地的新朋友。夏令营结束前，进行了汇报演出。女儿所在的舞蹈班跟来自芭蕾舞学院的专业舞者同台表演，让她备感兴奋。专业舞者大哥哥大姐姐们的高水平表演让她眼界大开。

繁星满布的夜空下，我看着女儿身着小天鹅的白短裙在舞台上飞来飞去，汗津津的小脸儿在高出她半截的专业舞者身旁身后若隐若现，她娴熟轻快地跳动、单脚旋转、前跃。看着她笑盈盈地捏着裙边摆出谢幕的可爱姿势，我觉得此刻芭蕾于她，真的如心灵之伴、欢乐之源。

尽管女儿不跳芭蕾很多年了，但她至今仍保存着当年的两双粉色缎面舞鞋。

经过短短几个星期的尤丝妲夏令营生活，女儿像一下子长大了几岁。她懵懵懂懂地认识到，未来会有许许多多美好的事物在等待着自己。自己要更加努力、不断学习，去探索、拥抱和享受未来的美好世界。

美国的小学，老师与学生的关系很平等，师生之间相处很随和，像一个大家庭。很多老师会把自己孩子、家人的照片摆在办公桌上，还会跟学生聊自己家里的生活琐事。

五年级的老师克莱恩女士，性格豪爽粗放，说话快人快语，行事大大咧咧。没看到人，总是先听见她在走廊爽朗的笑声。从她谈男朋友到她结婚，由女士变成夫人，家里的大事小情，班上的学生全都知道得一清二楚。

克莱恩女士对我女儿的喜爱，到了无以复加的地步，而且毫不掩饰。有时候连女儿自己都觉得克莱恩女士对她的偏心。英文课挑选出来的范文，十有七八是女儿的。学校有什么活动选人，她第一个想到的就是我女儿。以至于有一天一个男孩子向克莱恩女士抱怨说："为什么你总是对凯特说'好的'，而对我说'不行'？这不公平！"

克莱恩女士逗他说："生活本来就不公平！"她指着我女儿说："如果你能做到像凯特那样好，你一样会得到你想要的。"

克莱恩女士对我女儿信任有加，经常让女儿做她的小助手，女儿似乎对自己的角色也很受用。有一次克莱恩女士正在自由学习时间辅导学生作业，办公室叫她过去开会，克莱恩女士指派我女儿替她照看一下班上的同学们。想不到女儿接着问道："那么克莱恩女士，我可以替你继续给他们讲课吗？"克莱恩女士愣了一下，大笑起来，连说："不不不！你只要替我照看着他们就行了！"

女儿被推选为165小学学生会主席。毕业典礼上，她代表全体毕业生致辞。2017年，女儿在亨特高中的学妹同时也是165小学的学妹告诉她，直到现在，165小学的宣传视频上，还有女儿在毕业典礼上致辞的画面。我和妻子打开那个页面，重温当年的美好记忆。视频中，女儿稚嫩的脸庞红润润的，几分羞怯，几分激动，更多的是自信。

企鹅与海龟，谁游得更快？

*

女儿要上初中了。由于我的无知，我们又与一个机会擦肩而过。还好，不是一个很大的错误。

小学毕业，公立学校的资优班课程就结束了。在我们掌握的信息里，初中阶段是资优教育的空白时期，所有学生按照学区划分，就近入学。皇后区有几所教学质量上乘的初中，都不在我家所住的学区。到了高中阶段，纽约市有几所位居全美公立高中前列的特殊高中，面向全市招收学生，凭考试成绩录取。妻子把女儿高中阶段的长远目标定得很高，一定要让她考上特殊高中。但是最早面向全市招生的亨特高中要七年级入校，其他几所特殊高中更迟至九年级入校。即便届时能考上特殊高中，这初中的一到三年怎么办？我们家附近那所中学，整体教学水平低下姑且不论，周围环境还存在治安隐患。在这样的学校混三年，哪怕只是一年，以后怎么能“混”进特殊高中？除非有奇迹发生。总之一句话：家门口那所初中万万去不得。

妻子多方打听，唯一的途径就是搬家，找一所总体评分较高的中学，作为高中前的过渡。

古有孟母三迁，我们为什么不能呢？

我们对比再三，选定了位于贝赛的 74 中学。74 中学评分不是最高，但也相当不错，它的一个优势是旁边有一所卡多索高中，卡多索高中开设有一个资优班。这样即使将来女儿考不上特殊高中，还可以考卡多索高中的资优班，总算还有冲击大学名校的机会。

女儿进入 74 中学的同时，她在红苹果幼儿园时期的两个玩伴却踏进了曼哈顿上西城的安德森中学的校园，这是纽约市仅有的五所所有班级都是资优课程的公立学校（学前班至八年级）之一。进入安德森的学生，基本上等于进了特殊高中的保险箱。而特殊高中的毕业生有很大的概率升入大学名校。原来，初中也还是有资优课程的，只是由于这几所学校规模太小，而且学生都是由学前班直升上去的。仅仅在六年级班上因自然减员（成绩跟不上或其他原因转校）有空出位置的情况下，才会向市里的小学资优班开放极少几个招生名额，所以外人很少知晓。安德森就是这样，受名额限制（班级开班定额 50 名学生，一年级往上只有补缺名额）及通勤条件制约（五岁的孩子每天往返需两个小时以上，且无校巴接送，通勤由家长自理），曼哈顿以外的家庭基本无人奢望能进安德森。六年级，如果班上空出位置，安德森会根据四年级纽约州教育局统一考试成绩，向全市的公立学校资优班五年级约 800 名合乎资格的学生开放 10 名左右的申请。然后再对合格的申请人进行考试，最后以抽签的形式决定哪一个幸运儿得到十个席位中的一个。

那一年女儿也从学校拿到了安德森的邀请函。我打开看了看，随手将那封信扔进一堆广告信件里。我们并非因为对安德森像抽中彩票一样的录取概率不抱奢望而放弃申请，而是压根儿就不知道安德森是何方神圣。

而女儿的四年级州考成绩，英文和数学全是满分。

得知消息，妻子后悔不迭，冲着我埋怨不停。

她扩大了咨询范围，连钢琴课只碰过几面的学生家长，甚至餐馆相熟的服务员、银行柜员，她都会主动向人家讨教有关孩子升学的信息。了解得越多，反倒越发增加她的悔念和焦虑：原来早在女儿五岁那年也就是学前班的时候，就应该有机会进入天才班！

她发誓，从现在起，再也不能让女儿错过任何一个机会！

成绩优异的纽约市六年级学生，有两个机会进入梦寐以求的特殊高中：七年级时的亨特高中，九年级时的八大特殊高中。

八大特殊高中在华人社区尤为有名的三所分别是史岱文森高中、布朗士科学高中和布鲁克林科技高中。用现任纽约市长白思豪的话讲："这些学校堪称我们公立教育系统王冠上的明珠。"

之所以被誉为公立教育系统"王冠上的明珠"，之所以让所有优秀的孩子梦寐以求，是这些学校长年保持的惊人的大学名校录取率。在著名的《价值杂志》2002 年、《华尔街日报》2003 年美国高中毕业生大学名校录取率排行榜上，名居公立高中第三的史岱文森高中，被排名前十的大学名校录取的该校毕业生占本校应届毕业生总人数的 17%。而高居公立高中榜首的亨特高中，这一比率更达到 28%。所以，亨特高中当之无愧得到了“常春藤输送机”的美誉。

类似史岱文森这样的特殊公立高中，全美国有 165 所。在美国 2 万多所公立高中里，所占比例不到百分之一。对这样的学校，美国社会一直存在两种声音。一种认为，政府对优秀人才的教育投资太少，把数十万本应受益于资优教育的学生拒之门外。这不仅剥夺了这些有才华的学生个人应得的机会，还将造成未来美国科学发明等领域的人才供应短缺，危及美国的全球竞争力。政府应该加大英才教育的力度，加大资优教育的投资。而另一种声音则认为，这种学校走的是为少数人服务的精英路线，是一种社会不公。这种声音将“不让一个孩子落后”的口号狭隘地定义为教育资源平均，面面俱到为所有人服务，特别是照顾到贫困阶层、落后地区和少数族裔。

由于资源的严重稀缺，挤入特殊高中的竞争到了白热化程度。以 2014 年为例，纽约市共有 2.8 万名符合资格的学生参加了特殊高中联考，5700 人得到了入学资格。而另一份 2016 年度的官方数据显示，三大特殊高中当年的录取率分别为 4.2%、4.9%

和8.4%。

与八大特殊高中相比，亨特高中更具特殊性。它是CUNY（纽约市立大学系统）亨特学院下属的中学，名为高中，实际是初高中连读。它属于公立学校，但又独立于纽约市公校系统。它享受纽约市教育局拨款，但是校长由亨特学院董事会任免。然而由于亨特高中的特殊性，在全美公立高中排名榜上，竟然找不到亨特高中的名字。

亨特高中的特殊性，还表现在它的招生制度的独立性。它不参加全市的特殊高中联考，而是根据纽约州五年级考试成绩，设定自己的准考资格分数线，另外进行一次自己的录取考试。每年在纽约市应届生中成绩排名前十的数万优秀学子中，只有2500名学生能收到准考证，约160名佼佼者最后胜出。

相比之下，进入亨特高中的概率比进入八大特殊高中低了更多。

74中学的老师极力推荐我女儿参加亨特的入学考试，她认为凯特是她教过的最聪明的学生之一，一定不能错过这个机会。女儿回家跟我们汇报，正好与妻子了解的信息不谋而合。有了天才班的成功尝试，我们对女儿的能力心里早已有了底。如今又有老师的鼓励加持，更让我们信心大增。妻子和我权衡了一下利弊，认为亨特高中不只有最高的大学名校录取率，进入亨特还可以让女儿早两年接受最高质量的中学教育。唯一不便的是女儿要多两年的长途通勤，恐怕早上五六点就要起床，着实辛苦了些。

妻子望着熟睡的女儿，一脸不忍，却口气坚定地说："辛苦也只好让她辛苦了！人们都说，上了亨特就等于一只脚迈进常春藤，再辛苦也值得！"

妻子做了决定，一定要抓住这个离我们最近的机会，考亨特！

我也憧憬着，女儿又要游向更大的池塘了！

鉴于传说中亨特高中入学考试的高淘汰率，我对女儿不敢抱绝对胜算。不过我又想，即便这次没有考上，反正两年后还有机会再考三大特殊高中。三大特殊高中招生名额相比之下多得多，考上的机会也更大。当然，这些话是不能在妻子面前说出口的。

女儿也跃跃欲试，铆足了劲儿准备来年一月的考试。

可是，随着获取更多有关亨特高中入学考试信息的细节，我和妻子反倒担忧日增。连第一道门槛能不能迈过，即女儿五年级的州考成绩能不能达到亨特的准考资格分数线、能不能收到亨特的准考证，我和妻子心里都没了底。

女儿历年的州考成绩，数学、英文都是满分。偏偏在五年级，女儿的英文分数得了 712 分（满分 800），错了两小题。妻子颇感意外，更多的是不安。亨特今年的准考资格分数线会是多少呢？

至关紧要的一年竟然没得满分！妻子懊恼之余，要弄明白女儿错了两道什么题。

其中一道题问的是：海龟与企鹅，哪个在水中游得更快些？

这算是英文题吗？应该算常识吧！

女儿的答案是：海龟。

妻子一下子火冒三丈！她厉声喝道：“你怎么一点儿常识都没有？我们不是前些日子刚带你看了《快乐的大脚》，企鹅在岸上是很笨，可是难道你没看到企鹅跳进水里‘嗖嗖’地游得多快吗？”

女儿嗫嚅着说：“我们也看过《寻找尼莫》呀，那里面的大海龟在海里游得也很快。它背上还驮有小海龟呢！”

妻子语塞。祈祷。听天由命！

亨特的准考资格分数线公布了——英文：712 分。一分不多，一分不少，像是特地为女儿量身打造一样。老天保佑！

第二道门槛，又将会有百分之九十的孩子迈不过去。不能再坐等幸运女神降临了！尤其是，妻子听说亨特的入学考试内容和难度远远超出公立学校六年级所学。妻子决定为女儿报补习班。

让不让自己的孩子上补习班，早些年是一件隐晦的事情。其实从严格意义上来说，这里说的补习班，应该叫强化训练班，或冲刺班。为本来就很优秀的学生补习，听起来有点“作”。但强中自有强中手，必须要让自己更强，才能在如林强手中脱颖而出。我听说过有人说他的孩子从没上过补习班，照样考上了名校。但这样的天才毕竟是极少数，对大多数父母来说，眼看别人的孩子都上了补习班，自己还能坐得住吗？这个心理关就过不了。一方面不能让自己的孩子落后，另一方面又不想让别人觉得自己的孩子不够聪明，曾经让很多优秀学生的家长纠结不已。

特殊高中比常春藤名校还要低的录取率，催生了补习产业的爆炸性增长，比之幼儿资优应试补习产业有过之而无不及。最早由实行应试教育体制的日、韩等国传入美国的补习风，随着精英教育的门槛越来越高，迅速蔓延至白人富有阶层家庭，反过来又以烈火燎原之势烧遍整个亚裔社区。如今已经没有人再忌讳说自家孩子上补习班的事了。重点在于，上哪一家？

据统计，纽约市现有补习机构四百多家，其中一半以上开在皇后区和布鲁克林区，尤其集中在华人聚居区法拉盛和布鲁克林八大道。除了少数连锁品牌，如在纽约市有四十多所分校的日本补习公文式教育机构，多数都只有一个授课场所。这些补习班良莠不齐，但每家每年都在报纸上刊登巨幅广告，声称自己学校有多少多少学生考取了特殊高中，甚至罗列出考取了特殊高中的学生名字为证。

妻子在中文报纸上的一众补习学校广告中，选中了以大号字体打出“亨特冲刺班”广告的一家补习班。上课的第一天，女儿看到了许多熟面孔，其中有几个是红苹果幼儿园时的小朋友。妻子知道，来对了地方。

尽管亨特高中的录取考试以不可预测性而闻名，冲刺班还是以模拟考试作为主要练习手段。女儿刚刚够着准考资格线的英文让妻子揪心不已，可是女儿在冲刺班的模拟英文考试却总是成绩优异，尤其是写作成绩永远第一。反倒是女儿的数学成绩总是不入三甲，一直徘徊在十名左右。经过妻子的反复追问，终于弄清原因：很多模拟试题，女儿在74中学的数学课上根本见都没有见过。

妻子还听说了一个秘密：冲刺班里的几个数学尖子生，不仅六年级上的是安德森中学这样的顶级初中，而且从三年级开始，她们就在一家补习班补强数学。那里有一位经验非常丰富的华人数学老师，专门给那些最有数学天分的学生讲授超前课程。

然而这家补习班的地址，在那几位学生家长嘴里却始终语焉不详。最后有一位家长可能实在不忍我妻子的“同为父母心”，告知了她补习班的“大致方位”。她说平日里上课都是孩子她爸负责接送，详细地址她真的不清楚。

我是方位感极强的人，我开车带着妻子在那片“大致方位”转了十数条街，果真找到了那家补习班。推门进去，心又凉了半截：人家中途不收插班生。

真让人抓狂！

最后一招：有病乱投医，我们把希望寄托在报纸广告版的小豆腐块儿上，找到了几个“数学补习老师”广告。我们随机挑选一个，无人接听电话。再挑一个，简单咨询后，约定时间登门试课。一节课上完，年轻老师承认他无法胜任，女儿冲刺班上的难题他解答不了。我们在报纸上把他的名字画掉，随机挑选下一个。第二次试课三分钟就结束了，这位头发凌乱的老师靠在他地下室的门上翻了翻冲刺班的模拟试卷，就把我们推到了门外。

第三次随机挑选，电话上直接就画掉两个，又一个无人接听。广告栏里只剩下最后一个人选了。

第四个，也是最后一个了。L 老师出来应门的那一刻，我就认定，就是他了！也许我祈祷是他。必须是他！

L 老师是一位很有学养、认真负责的大学数学老师。他看了女儿冲刺班的数学模拟试卷，摇摇头说，就你女儿目前学校的六年级所学水平，想在不到一个月的时间里掌握模拟试卷程度的内容，几乎是不可能完成的任务。但他答应尽他所能，并同意每个星期增加一个课时。

很快，L 老师信心大增。他夸我女儿对数学有很强的理解和接受能力。仅仅两个星期，女儿在冲刺班的数学成绩便迎头赶上，冲进前三。

妻子那么心急火燎地为女儿补习数学，然而在独特的亨特录取制度中，最后阶段起压舱石作用的，却是英文写作。

亨特入学考试内容分为数学、英语及写作三个部分。电脑评分决出数学和英语总分前 500 名，再由亨特高中英语教学组的教师集体评阅这 500 名学生的写作，从中选出 165 名得分最高者。

那年的作文题目是：记一段旅程。

这是一个再平凡不过的命题，许多学生描述的是自己的一次远足或异国旅行。然而不少在数学和英语两项考试中取得高分的学生，却在这段平凡的旅程中迷失了。

我对女儿的写作十分有信心，但我无论如何也猜想不到，她记述的这段旅程，是她学钢琴的经历！

女儿以她感性的笔触，描述了自己从初学钢琴到参加钢琴比赛的过程中，由胆怯到勇敢、由彷徨到自信的心路历程。其中，有眼泪，有怨恨，有喜悦，有骄傲，有冷暖自知的心头低吟，也有初尝人生青涩的感悟。

女儿脱颖而出！

几年来，一月的某一天，亨特学院门前的亨特高中招生考试现场直播，已成为纽约中文电视台的例行节目。当天一大早，参加考试的学生和陪同的家长们便在曼哈顿亨特学院考场前的人行道上排起了长队。壮观的场面有点儿像某种宗教的朝圣仪式。对那些孩子来说，这是决定他们命运的关键一役，是龙门一跃。而更紧张的，是那些家长，几乎没有人脸上有笑容。2017 年 1 月的那一天清晨，我正巧因事开车路过亨特学院。天空灰蒙蒙的，寒风夹着零星的雪粒，数千名学生和家长组成的人龙沿着东 68 街一路拐过公园大道街角。时隔那么多年又看到那一幕，还是会让我鼻子发酸：我也曾像他们那样站在那里，踏着冻得没有知觉的脚，熬过那艰难的几个小时。我默默地向他们每个人送上深深的祝福。我记起当年我望着身边匆匆走过的路人，暗自希望他们每一个人都能为我的女儿送上祝福。谢谢你们！

无论从哪个角度看，女儿的童年都是一段幸福快乐的时光。除了不能间断的每天钢琴练习时间，我们尽可能多地让女儿享受美国的儿童“福利”：玩儿。体验所有能找到的童趣：从兜椅式的小秋千，到一飞冲天的高秋千；从摇摇摆摆爬上小滑梯，到勇敢地攀登绳索塔；还有像男孩子一样在吊杠上身轻如燕地飞来飞去……她是儿童公园的常客。滑板车、自行车，尽情撒欢。中央公园、大都会博物馆，徜徉其间。她满是汗水、红扑扑的笑脸上，总是绽放着灿烂的光芒。

她也痴迷于电子游戏。她的房间里堆满了从 Game boy 到 Play Station 大大小小各种电玩设备。她最喜欢的一款游戏叫“动物社区”。有很长一段时间，每天她都会忠实地等待着她的动物朋友来“家里”拜访。偶尔错过了约定时间，她会懊恼不已地说：“噢，它生气啦！”

妻子问：“你怎么知道它生气了？”

女儿说：“你看嘛，它头上冒烟了！”

有很多年，看到女儿的天赋不断被发掘，我对女儿才智的认知不断被刷新，对女儿的期许一次次被突破，曾让我无数次陷入自责：如果我们能像那些专业人士一样，更早地关注、发现女儿的聪明，更早地开发她的智能，给她以更高期许、更多投入，女儿会不会比现在更优秀?

直到有一天我读到了美国波士顿学院研究心理学家彼得·格雷博士的一段话:

“童年本就应该自由玩耍，这段时光不是用来打造漂亮的大学入学简历的。”

从接到亨特高中录取通知书的那一刻起，对女儿意味着，这样的童年结束了。

ROBERT M.
BEREN HALL
WINTHROP
HOUSE

第二章

将自己打造成最全面同时也最不落俗套的申请人。

*
*

红砖城堡

*

世界上有许多伟大的建筑，或因为它们的雄伟壮观、气势恢宏，或因为它们的巧夺天工、精雕细琢，让你从看到它们的第一眼，就为之惊叹，为之折服。像万里长城、雅典卫城、金字塔，像米兰大教堂、吴哥窟、泰姬陵，它们自身的伟大超越了人类宗教信仰、政治、国度和民族的边界。也有些建筑，因为它们本身的漂亮，更因为它们是某个神圣机构所在，被罩上耀眼的光环，像哈佛大学、耶鲁大学、牛津大学、剑桥大学、北京大学、清华大学。还有很多建筑，本身其貌不扬、平淡无奇，但当你知道它为某个著名主人所拥有，你立刻会对它们肃然起敬，像纽约联合国大厦、白宫，还有像曼哈顿上东城东 94 街 71 号的一幢略显怪异的砖红色建筑。

这幢砖红色建筑就是亨特高中和亨特小学的校园。

亨特高中占据了东至公园大道、西至麦迪逊大道、横跨东 94 街和东 95 街整个街区。它那城堡式的垛塔和几近封闭的巍巍墙体，在四面环抱的高档公寓楼群中显得格外突兀。它建成于 1895 年，前身是一座兵工厂。曾经有亨特学生把这座建筑谑称为“红砖监狱”（可见对其“恨”之入骨）。我喜欢称它为“红砖城堡”。第一次看到它，我就被慑服了。那是万千个为人父母者景仰的地方。从校园旁路过，经常看到家长模样的人拿着手机对着城堡拍照。

而对身居其中的孩子们来说，那是一个让他们有爱有恨、又爱又恨的地方。

前些天偶尔在网上翻看亨特高中条目，其中两条跟帖，形象而直白地反映了亨特高中竞争的激烈程度和一部分学生的生存状态：

“七年级的学生不做微积分，那是个玩笑，对吧？作业并不难，感觉更难的是你身处的环境。在我以前的学校，我是小池塘里的一条大鱼，但如今我是其他鲨鱼的猎物！苦不堪言，令人厌恶……”

（这一位是不是女儿 120 小学的小学弟啊？）

“我的生命中从未如此有压力。如果你有任何精神问题，千万不要来这里！没有谁会在乎你！”

我差不多理解了“红砖监狱”名字的由来。

女儿也曾有过这样的挣扎吗？

也许没有。毕竟，每年绝大多数亨特学子顺利完成了学业，百分之九十九进入四年制大学，其中数十名学生被常春藤及麻省理工、斯坦福等名校录取。

亨特高中不算很长的历史上名人辈出，最有名的校友，当数现任美国最高法院九名大法官之一的艾蕾娜·凯根。

在前述两个美国高中毕业生被大学名校录取率排行榜上，亨特高中均高居公立高中第一名。这些排名中还有一组数据非常令人震惊：在全美包含所有公立和私立高中的排名中，排在前 32 名的唯独亨特高中是公立高中，其余席次全部被私立高中囊括。大学名校录取率排名前 50 的高中，也只有 6 所为公立高中。尽管哈佛大学的三分之二、耶鲁大学的二分之一新生为公立高中毕业生，但公立高中毕业生被大学名校录取的比例，仍远低于私立高中。而在被这些大学名校录取的公立高中毕业生中，明星公立高中的学生占了相当大的比重。

这些数据意味着，在美国这个公立教育和私立教育并行的社会，私立学校占据着精英教育领域公立学校远远无法比拟的绝对优势。那些批评公立学校精英教育的人士有没有意识到，如果取消资优教育，公立高中学生在前述统计数据中所占份额会更少，平民阶层孩子的上升通道会越来越狭窄。

即便在亨特高中这样的明星公立学校，其学生构成中有相当大的比例是来自中产阶级高端的高、中级专业人士家庭。没有官方统计数字，但我所认识的女儿同学中，来自非专业人士家庭的寥寥可数。

这里还有一个特别群体，也可作为佐证。

除了七年级在纽约全市范围内公开招收的165名左右学生，亨特高中还有50名左右的学生，是从亨特小学直接升上来的。而能够进入亨特小学，必须经过一个比进入亨特高中更独特的选拔过程。

每年，亨特小学仅向曼哈顿的居民家庭开放50个学前班名额。如同安德森学校一样，曼哈顿以外四个区的孩子得不到这个机会。冠冕堂皇地讲，这当然符合公立教育的就近入学原则，也顾及五六岁孩子的长途通勤困难。

大约2000名四岁的曼哈顿孩子，会接受亨特小学第一轮智力评估。这项名为“斯坦福－比内智力测试”的独特之处，就是要求参加测试的孩子不能事先接受测试训练。亨特小学聘请的心理学专家，如果在测评过程中发现某个孩子事先接受过训练，比如专家的提问只说一半，孩子就把答案讲出来了，专家须如实向校方报告，这个孩子的考试资格立即会被取消。智力测验选出250名孩子，参加第二轮测试，最后决出50名幸运儿进入亨特小学学前班。自此以后直至七年级，其他孩子再没有任何进入亨特学校的机会。

这项看似公平的入学资格测评被人忽略的背景是，曼哈顿上中城是众所皆知的富人区。亨特小学周边，更是被称为“超级邮编区”的顶级有钱人家居住的地方。所谓“近水楼台先得月”，何况“楼台”里全职保姆悉心照料下的王子（公主）们，其智力发育肯定让二十条街区外的东哈林区那些穷孩子难以望其项背。尽管在区划上同属曼哈顿，哈林区的居民恐怕连亨特小学／高中的名字都没有听说过。他们的孩子别说奢望私人保姆、私人家教、昂贵的私立幼儿园，就连启蒙教育所需要的最简单因素——父母的陪伴也难以得到。很多贫困家庭的青少年十几岁就做了父母，他们要么辍学打工挣钱养孩子，要么靠领政府救济金，或是在街角追逐毒品和酒精的刺激，导致他们的孩子缺乏关爱，缺乏语言交流、认知能力等学前基本能力的培养，注定输在起跑线上。

总之，能成为亨特小学这个特殊群体一员的，其父母非富贵即“金领”。女儿同届被哈佛大学录取的六人中，五人是从亨特小学直升上来的。只有女儿一人例外。

在高中前这个阶段，尽管在考试内容上有所不同，但以考试成绩作为唯一标准“择优录取”的形式上，美国学校与中国的“幼升小”“小升初”“初升高”没什么区别。而一旦进入亨特高中，学生们立刻发现，自己要同时面对两个战场。除了在密不透风的“红砖监狱”里从一间教室转到另一间教室、一节课又一节课，除了做不完的作业、考不完的试，红砖城堡外，他们还要拖着疲惫不堪的、永远缺少睡眠的身体，去为那些中国的高考孩子不必具备的十八般武艺而打拼。他们几乎每一个人都有明确的目标，就是争取成为进入排名前十的大学名校那 28% 甚至 HYP（哈佛、耶鲁和普林斯顿首字母缩写，一般把这三所大学看作大学名校的最高指标。亨特毕业生进入 HYP 的比例常年保持在 10% 左右。HYP 也常用于三校间的一些著名体育赛事，如美式足球、划艇、网球等）那 10% 中的一个。只是并非每个人都知道，自己将要为实现这个目标付出多大代价。

其可怕之处在于，在大学录取结果放榜前的六年中，没有人明确知道自己是否稳居前十或是能进入大学名校的那28% 之列，没有一个人敢停下来喘息半步。亨特高中采用分数保密制度，学生的学期成绩只显示在每个学生自己的期末成绩单上，学校不得向其他人泄露。这让每一个游入亨特这个更大池塘的鱼儿看不清自己是小鱼还是大鱼，看不清游在自己身边的是小鱼、大鱼甚至是鲨鱼。（是啊，我怎么没有像女儿前面那位小学弟那样，想到“大池塘”里不只会有“大鱼”，还会有“鲨鱼”呢？）从某种意义上说，每个人都是在跟自己作战，你不知道竞争对手是谁，只有把自己的功夫练到极致。在这所红砖城堡里，即便是最骄傲的人，也对某些人心存几分敬畏和谦逊。优胜劣汰的法则在这些近乎千里挑一的杰出孩子中间更显得残酷无情。对于相对落在后面的人，人们评判他们的标准不再是当年千分之一的获胜者，而是被大学名校筛选掉的失败者！焦虑，像一个看不见的幽灵，徘徊在红墙内的每一个角落。

既然是“监狱”，对大多数亨特学生来说，午饭时间就像监狱的放风时间。我说“大多数”是因为还有一些学生要利用这段时间参加某个社团的会议或训练，或是高年级的学生导师用来帮助低年级的同学做功课，这些人解决午餐的时间只有几分钟。大多数同学的社交就是在这段时间，不少人不愿在学校食堂吃饭，而是结伙跑到街上的餐馆买东西吃。学校食堂的饭菜难吃是一个原因（这个恐怕是全世界所有学校都解决不了的问题），更多的是每个人都想到宽敞的大街上舒展一下窝憋的身体，呼吸一口高墙外的轻松空气。那顿简单的快餐吃什么已不重要，重要的是能享受一段短暂而宝贵的自由。

对于那些极具叛逆精神的学生来说，对抗这种沉闷生活的极端方式是“杀”出红墙，去当一个潇洒的“杀手”。

为了排解焦虑和压力，也为了表达对精英高中学生刻板形象的反叛，纽约几所特殊高中的学生们都会以创新的形式玩一些搞怪出位的“聪明人”游戏。亨特高中的学生是精英中的精英，亨特学生的游戏也玩到了极限：游走在违法的边缘。“杀手”就是亨特这帮学生玩的游戏的名字，从名字就可以想象有多疯狂。

这个在亨特高中有多年传统的危险游戏，有严格的游戏规则，有组织，有裁判，有奖金。游戏分为多个小组，每个小组六人，组与组之间相互进行“追杀”，武器是仿真玩具枪。参与游戏者每人交二十美元，汇总作为奖金，全部奖金由最后一组“生还者”独得。游戏全天 24 小时进行，除了学校周围一个街区之内是“安全区域”（也是为了避免被学校发现），“杀手”们寻找任何可以“下手”的机会，“持枪追杀”的场面经常在热闹的大街上上演。有人为了逃避“杀手”在来来往往的车辆间穿梭，险象环生。有人入戏太深，竟然跟踪“刺杀目标”到家里，待夜半时分翻窗潜入别人家中“行刺”。结果没有得手，反而惊醒了同学家长。不知情的家长报了警，警察和公寓大楼管理员赶来将“杀手”抓获，对他们一顿臭骂。

每年亨特校方都会收到多次与“杀手”游戏有关的警方通报，加上近年纽约警方对仿真玩具枪支的零容忍，警方和校方明令取缔“杀手”游戏。每年家长都会接到校长费希尔博士的警告邮件，可是屡禁不止，每年期末考试前夕最紧张的时候，也是“杀手”游戏高潮迭起的时候。“杀手”们通宵未眠，眼圈发黑，上课打瞌睡，老师心知肚明，可是没有抓到“现行”，只能束手无策。玩游戏的虽然只有几十个人，但几乎全校学生都成了围观群众，所以“杀手”成了全校学生关注的游戏。大家热衷于传播哪位“杀手”或被追杀者出了什么丑事，竞猜哪个小组会赢，谁将会成为最后的“生还者”。而那个最后生还的“杀手”，则成为大家心目中的偶像。

无论如何，我都无法将“杀手”同亨特高中这些优秀的孩子联系在一起，更想象不到这些“杀手”中不乏日后进入哈佛、耶鲁的佼佼者。也许不曾有过被这座坚固的红墙桎梏的体验，就无法想象那些精力过盛的孩子有多么想如同“杀手”一样，冲出街头，为所欲为，放飞自我。

红墙外面，还有上千个深陷焦虑的父亲母亲。他们一心一意想把自己的孩子送进这座红色城堡，孩子们过五关斩六将，终于进来了。本以为进了保险箱，想不到等着他们的是更加残酷的竞争。前方是更多的不可知。为了配合孩子们“习艺练武”，父母们需要花钱花时间的预算清单越来越长，远不止以前的冲刺班一项。那张清单能把父母们逼疯！

中国式“家长参与”

*

教育专家们早就指出，教育不只是学校的事情，也是家长的事情。从某种意义上说，家长在教育孩子方面的重要性，甚至要大于学校的作用。每一所好的学校，也都强调家长参与的重要性。亨特高中自然也不例外。

当初我所理解的家长参与，一是督促孩子学习，按时完成作业，二是保持与老师的沟通，了解孩子的学习成绩、在校表现及在班级里的排名。而实际上，这些工作我什么都不用做，或者说什么也做不了。

首先，女儿学习一向自觉，回到家先做作业，然后才是玩儿；到了亨特，特别是进入九年级，回家除了吃饭、睡觉、练琴，其他时间全部都用来做作业。我催促她的只有一件事：赶紧上床睡觉。当然催也没用，作业不写完女儿一定不会睡觉。

女儿所学课程，已超出我和妻子的知识储备，尤其是我们的英语能力，早已无法参与其中。女儿的成绩一向优异，平时无须跟老师沟通。唯一与老师见面的机会，还是期末 5 分钟各科一对一的老师和家长见面会。跟女儿在小学时一样，跟老师没有什么太多话要讲。与小学老师不同的是，在跟亨特高中老师对话时感受到的更多是学识、专业、严谨。女儿八年级时我跟她的英文老师的一次见面会简直把我震住了。那位年轻英俊的老师是一位博士，他一边翻动着面前的电脑页面，一边把女儿的每一篇写作、每一次小测验、考试甚至课堂发言评分，一项项讲得清晰明了，无可挑剔。我能说的话只是“嗨”和“谢谢”。

后来才知道，亨特高中教师中有许多博士，硕士更是不计其数。过去女儿叫她的小学老师，名字前面加“女士”或“夫人”，现在很多老师都要冠以“博士”。亨特高中的教师考核制度非常严格，即便有名校硕士学位，也不能保证拿到终身教职。如果两年之内得不到终身教职，必须走人。留下来的，自然是各学科的翘楚。

与老师会面唯一想问却不能问，问了也是白问的，就是女儿的班级名次。就像学校无权向其他人泄露学生成绩一样，学生在班上及年级的排名也不得公开。另外，美国的高中没有所谓的班主任老师，每一堂不同的课换不同的教室，没有一个老师掌握一个学生在校的全部学科的成绩。这一点，经常让妻子抓狂。到后来我就不再参加这种与老师的见面会了，女儿的期末成绩单上几乎是全 A（和 A+），知道这些就行了，剩下的就只有相信女儿，相信女儿的自信。

对妻子来说，不能像在女儿童年时期那样参与女儿的学习，无疑等同于半“下岗”。她决不放过任何她认为可以帮到女儿学习的机会。女儿有一次生活实践课，老师可能是要培养学生的爱心和责任感，或是要让学生体会做父母的辛劳，让每个学生抱回家一个电子娃娃。娃娃身体内安装有电子感应元件和自动记录设备，它会不定时地“哭闹”，你必须及时把它抱起来“哄”它、给它“喂食”或换“尿布”。你如果不理它任由它哭闹，这些“疏忽行为”会被记录下来，在把娃娃交还老师时会被扣分。女儿睡觉前特意把娃娃放在枕边，以备夜里娃娃哭闹时随时醒来照顾它。没想到这成了妻子的心事，她担心女儿睡得太熟醒不了，一向沾着枕头就睡着的她竟然失眠了。半夜，娃娃的哭声从女儿屋里传来，妻子赶忙起身跑过去，果然女儿依旧酣睡梦乡。妻子不忍叫醒女儿，自己抱起娃娃试着给它换“尿布”，可是它仍旧哭闹不止。我这个夜猫子刚刚睡下，也赶过去一探究竟。妻子的行为叫我哭笑不得，我说你这样做，女儿这个课上得还有什么意义？妻子只好叫醒了女儿。妻子一宿无眠，被娃娃“叫”起了三次，妻子叫醒了女儿三次。

有时候，她这种过分热心的参与反而帮了倒忙。一次女儿的生物课老师布置了一项家庭作业，让学生观察记录一种菌类的生长现象。遵照老师的指示，要把从学校带回的菌种培养皿放在冰箱里。正值周末，女儿本应在上完钢琴课后赶回家里观察菌种变化，但她紧接着还要去上长笛课，长笛课结束又要赶去晚上的演奏会。女儿有点儿担心演奏会结束回来再观察是否晚了些，犹豫着要不要耽误一会儿长笛课，先赶回家观察一下。妻子自告奋勇说，长笛课不能耽误，我回家替你观察吧！我看过你怎么做，放心吧。

妻子从冰箱中取出培养皿，观察后又放回冰箱，谁知道一时糊涂，将培养皿错放进冷冻室。晚上女儿回来，急得眼泪都掉下来了。老师特别交代过培养皿不能放在冷冻室，那样会把菌种冻死。女儿不好意思向老师再要一套培养皿，赶紧查询网上有没有卖。还好，无所不有的亚马逊网站很快寄来了一套新的培养皿。好心办坏事，妻子懊悔不已，忐忑不安了好几天，直到女儿顺利完成培养观察作业才放了心。

其实对亨特的很多家长来说，唯一可以在孩子的学习问题上指手画脚的事情，就是在孩子的学习方向上：是偏重理科还是偏重文科？理科再分，是数学，还是科学？科学又细分物理、化学还是生物学？数学是选一般课程，还是快班？再有比如第二语言课程，是选修西班牙语、法语还是拉丁语？

我说的“指手画脚”，意思仅仅是给出指导意见，大人毕竟考虑问题更周全一些。但是最后选什么，还是应该孩子自己决定，终归是孩子去上课。老美家长比较放手，基本上由着孩子自己的选择（也不全是）。而华人家长的指导意见则有力度多了，往往带有强制性，甚至是“一言堂”，没有给孩子商量的余地。家长的过度参与，特别是违背孩子意愿、兴趣和志向的“命令”，往往会造成孩子学习上的困惑和负担，浪费孩子宝贵的时间和精力，严重的会影响到他们大学的专业方向、将来择业，甚至影响他们的人生。

跟着来的是与课程有关的学术“社团”：偏理科的，就要参加学校的数学社团、科学社团；选某种外语的，参加相应的语言社团。还有，参加不参加学校的室内乐队、管乐队、合唱队，这是算一门艺术课成绩的。这些社团，家长肯定也是要有建议的。

最后是跟课程无关的社团。这也是家长参与其中最多的，不分美国人和中国人。

亨特高中有大大小小上百个学生社团，涵盖了你能想到的几乎一切社会活动，五花八门，应有尽有，几十个运动队、各种艺术组织、文学诗歌小组、演讲辩论队、模拟联合国、校刊、各族裔文化团体……

重要的社团，无论学术社团、社会活动社团还是体育活动社团，要代表学校参加校际、市、州甚至全国比赛。为了取得好成绩，平日里有大量训练。对家长来说，参与，就意味着开车接送、当啦啦队、支付额外的训练费用账单。我曾多次开车到宾夕法尼亚、纽约上州负责女儿辩论队和数学队住地至赛场的往返交通，也曾陪女儿及两个辩论队成员坐飞机去洛杉矶参加 VBI（Victory Briefs Institute 的简写，该组织以举办高水平的青少年辩论夏令营闻名）辩论比赛夏令营。

像选学科等与高中教学有关的参与一样，无论学术社团还是社会活动社团，华人家长的参与，往往还以干涉和限制的形式出现。孩子参加的社团不能太多，训练和比赛占用的时间不能太多。如果训练或比赛与学习有冲突，社团必须为学习让路。在我们家这个相对民主的家庭，无论女儿选课还是选社团，基本上都尊重了女儿的意愿。当然也因为女儿聪明，准确地捕捉到了妻子指导意见中的信息。即便如此，我们家还是因为女儿参加的社团活动挤占了做作业时间而发生多次争吵。有的学生拗不过家长，干脆瞒天过海。女儿的一个同学因为社团的事跟她的妈妈互相“斗法”，这位妈妈因为无法阻止她的女儿参加校田径队、也是她女儿参加的第 10+ 个社团，直接找到了学校负责老师，要求老师将她女儿从田径队除名。她女儿则跟她玩起了老鼠躲猫游戏：谎称放学后数学队有训练，实则人在跑一万米长跑。

近几十年来，美国华人移民中的知识阶层，绝大多数是改革开放早期赴美的留学生。他们大多所学专业都是理工类，留下来成为各行各业的专业人士，享受着高薪和优厚福利，过着优渥的生活。他们往往把自己的成功经验，复制在自己的孩子身上，早早地就给他们设计了 STEM（科学、技术、工程、数学）的发展规划。他们的孩子由于从小在 STEM 的家庭环境中长大，耳濡目染，潜意识里也将父母的职业当作自己的人生方向，在选择学习专业时，自然偏向理工科。根据美国大学理事会（College Board）公布的美国国家教育统计中心的数据，2001 年毕业的大学生中，有 47% 的亚太裔主修 STEM 专业，成倍于白人（22%）、黑人（21%）和西语裔（23%）。当然这也不仅是华人独有的现象，近年来初创公司大热，再次让电脑专业大受追捧。好像从斯坦福、加州理工和麻省理工这些名校的电脑专业出来，都会立即成为硅谷某家成功创业公司的老板。

亨特高中文理并重，而早期更以文科最负盛名。所以有个别坚定让孩子走 STEM 道路的华人家长，一直存在亨特更重文科的偏见。九年级的时候，总会有几个华人家长把孩子转到史岱文森等更偏重理科教学的特殊高中，不管孩子多么希望留在亨特。

也许女儿身边的优秀孩子太多出身于专业人士家庭，不知道什么时候，妻子听到了 STEM 这个说法。她开始认为，我们也应该把女儿朝着 STEM 方向培养。

妻子说：像我们俩这样，都是学文科的，来美国一点儿专业技能都没有，路子太窄了。女儿将来长大了，不能再跟我们一样。吃技术饭、专业饭，才能一辈子衣食无忧。

最初我没把她的话当回事儿。我举了我的两个前上司的例子，证明学文科的也可以在其他领域取得非凡成就。他们中一位是学中文的，先是为官，后来跨足中美金融领域，成为中国风险投资、私募基金界的传奇人物；另一位外语系毕业，先是经商，后来成为房地产业大佬。

我也提醒她，我们那个在 IBM（美国国际商用机器公司）做软件开发的好友，还有妻子在德国一家电脑公司做工程师的亲戚，不也在前几年数字化泡沫的时候被裁员了？女儿一个同学在政府部门做大数据的父亲不也照样失业很多年吗?

再说了，我们两家上溯多少代都没有听说有谁跟理工科沾点边儿，我们孩子身上就没有 STEM 细胞。我认为女儿的作文一直都是强项，一定继承了我的良好写作基因，将来再把它发扬光大，说不准会成为一个名作家。

妻子一下子火了："作家？你看看历史上有多少个作家饿死！"

女儿一上亨特，妻子首先盯上了她的数学。女儿选了数学快班。然而没过几天，女儿告诉我们她的两个同学数学跳了一级，上了八年级的数学课。

妻子一点儿没有大惊小怪："还不是因为她们上了几年补强班！"

妻子给女儿定下了目标：明年也要跳级。

妻子的战略也更加明确：补强！决不再跟在别人后面亦步亦趋!

妻子心里一直惦记着那家数学补强班。这次终于如她所愿，女儿被录取了。不出妻子所料，过去在亨特冲刺班时的几个数学尖子，不管考没考上亨特高中的，都还在那里继续上课。

女儿周一到周五在学校上快班的数学课程，周六再去补强班学更高一级的数学课程。我虽不说什么，但总认为女儿不会对这些额外的数学课程有什么热情，只不过是听妈妈的话而已。我自己中学的数学成绩也很好，但我从没有像喜欢写作文那样喜欢做数学题。我只是要我的各科成绩都保持在前几名。

随着学校和补强班两边的数学课程越来越深、作业越来越繁重，我又开始担心女儿吃得消吃不消。特别是对那些数学题没有兴趣的话，女儿会不会在强忍着反感情绪。

我错了。女儿似乎并不只是顺应妈妈的意志，她好像并不厌烦那些枯燥的曲线和方程式，而是乐在其中。特别是当她在补强班上的成绩越来越靠前的时候，她的脸上洋溢着发自内心的喜悦。周末的数学课成了女儿每周课程表的常规部分，她从未因补强班占用了周末的休闲时间有过一句怨言。我把其中一部分原因归于补强班Z老师独特的授课风格。Z老师夸张的鸭嗓子英语带着很重的中式口音，抑扬顿挫，声情并茂，硬是把乏味的数学课讲得趣味盎然，课堂上气氛热烈，学生们自始至终情绪高涨。难怪他的课那么受欢迎。想要成为他的学生并不容易，我亲眼看到他毫不客气地打发了没通过他的测验的一对母子。他每次都会在讲课结束后进行一次小考，与亨特高中分数保密的做法相反，Z老师每次考试后都大张旗鼓地宣布考试成绩，排名前三的学生获发一支铅笔作为奖励。女儿从此不用买铅笔了，还有那小小虚荣心的满足。

八年级，女儿的数学也跳了一级。

不用说，女儿参加了学校的数学代表队。

还有科学队。

天下父母心

*

在很多文章中，中国父母与西方父母似乎在对下一代的抚养及教育理念上大相径庭。加上近些年美国主流媒体加入东西方教育孰优孰劣讨论的推波助澜，“虎爸”“虎妈”几乎不近人情的形象，成了中国父母的刻板标签。我认为这种观点太过宽泛，以偏概全。在以东西方作为划分不同育儿理念的层面之上，首先应该以阶级划分，或者说以社会阶层划分。西方国家的富有阶层，不论是出于家族财富和地位永世延续的考虑，还是近年来尤其是数字化时代华裔和印裔美国人在职场的异常成功让美国富人感受到了强烈压力，他们对子女教育的重视和投入，一点儿都不逊于中国的有钱父母，甚至更有过之。贫困阶层，无论在哪个国家，对子女教育的重视和投入都明显不足。差别较大的是中产阶层，西方的中产阶层父母，收入较高的专业人士（中高级白领）同样将教育子女看成需要精心培养的工程。而中下层的蓝领工薪家庭，大多对子女养育较放任。而在中国，包括美国的华人，对子女教育的重视，几乎涵盖了整个中产阶层。

我看过《纽约时报》通讯记者克莱尔·凯恩·米勒一篇题为《不

平等的童年：美国贫富家庭子女生活差异扩大》的文章，她写道，皮尤研究中心的报告和过去的研究发现，“美国父母对子女的期望都差不多：希望他们健康快乐、诚实有道德、有爱心和同情心。研究者认为，世上不存在最好的养育方式或理念；在所有收入阶层中，92% 的父母认为他们在养育子女上做得不错。……是否所有父母都希望子女获得最大的成功？绝对是……但是，他们的养育方式却有相当大的差异。……不同的养育方式会将孩子置于不同的发展路径”。即便是同属一个社会阶层、同为东方或西方的父母，不同家庭的教育理念也千差万别。所谓“英雄（才）不问出处”，“阿斗”可以生自皇室，也可以生自寻常百姓家。

我最认同的，就是“世上不存在最好的养育方式或理念”的观点。如果非要以东西方来划分不同教育理念的话，也不能简单地说孰优孰劣，不同教育理念之间都有值得互相借鉴的地方。同时，东西方教育理念中有许多东西是共通的。

在皮尤报告中，能看到美国家长与中国家长的相似之处和不同之处。

比如在处罚子女的方式上，“因教育程度不同而存在差异。在有研究生学历的父母中，有 8% 的父母称他们经常打孩子屁股，而相比之下，教育程度在高中或以下的父母这么做的比例是 22%”。中国家长在处罚子女的方式上也会因教育程度不同而有差异，但两个百分比肯定都比美国父母高得多。

“多数美国家长表示，只要孩子努力学习，就不关心孩子的分数。但贫困家长中，有半数称，他们认为孩子取得大学学历很重要，相比之下，较为富裕的家长中这个比例仅为 39%。”

“教育程度较低的家长，较为贫困的家长，以及黑人和西语裔家长，更倾向于认为过多干预孩子的教育不是一个问题。而白人家长、富有的家长或受过大学教育的家长则表示，过多干预孩子的学习可能产生坏作用。”不论贫富家庭，想让中国家长不过多干预孩子的教育，是不可能的事情。

“调查还探究了家长的态度和焦虑情况。有意思的是，家长对教育的态度似乎与家长的教育背景关系不太大，而与是否持有教育对向上流动具有重要意义这个信念的关系更大。”

这一点用在华人父母身上，更具普遍性，更认同教育在向上流动过程中的重要性，并且愿意为子女的教育投入超出自身负担能力的金钱和精力。

女儿小学的一个同学，父母来美开了一间外卖中餐馆谋生。他们没受过太多教育，却一心想把女儿送进最好的学校。孩子也很争气，小学考上了我女儿同校的资优班。放学我接女儿的时候，经常看到她的这位同学一个人在街边的杂货店买个面包、一瓶汽水，就是一顿饭，然后再去上补习班。我们搬家后，有几次女儿让我顺道把她这位同学送回家，也顺道接过她去学校，我从来没有看见过她的父母。她跟我女儿说，她父母每天都要在餐馆忙到很晚才回家，她只有在临睡前和大清早才能跟父母短暂相处，全家人聚在一起吃饭的机会一个月都没有一次。她父母从来不让她去自家餐馆帮忙，生怕占用了她的学习时间。后来她也考入了亨特高中。在亨特的几年里，学校任何邀请家长参加的活动包括她所在乐队每年的汇报演出，结束时她都是一个人独自默默离去。但是在她的背后，我好像总是隐隐约约看到她那对辛劳父母的伟大身影。高中毕业后这个女孩儿也上了很好的大学。

抛开中美父母差异，缩小到一个家庭的范围，家庭成员之间也存在着教育理念或教育方式的差异。父母的亲自管教与爷爷奶奶的“隔代亲”自不必说，夫妻之间也会因教育子女发生意见分歧，轻则争吵，重至反目，甚至闹到离婚。我认为，家庭成员之间在教育理念或态度上有一定程度的差异是好事，只要不是对立。否则，同一个家庭里，父母同时都是“虎妈”“虎爸”，孩子还有活路吗？反之，一对儿“猫妈”“猫爸”能放养出一个自觉成才的神童的概率也不大。

一山不容二虎。我们家既有“虎妈”，我就不能是“虎爸”。

其实，我和妻子在教育女儿方面，大的理念上是共同的，只不过是在方式和态度上存在小小的差异。女儿小的时候，我们俩都只是出于对女儿本能的爱，朴素地希望她健康、快乐，一生幸福。但幸福快乐的具体内涵是什么，我们没有想那么远，在如何培养教育孩子问题上考虑有些滞后，没有及早规划、设计女儿的人生跑道，比如上什么名牌大学啦，选择什么职业啦，成就什么事业啦，等等。我们的无所作为几乎让女儿输在起跑线上。

随着女儿一次次交出亮丽的成绩，一步步迈上更高的台阶，妻子似乎看到了女儿聪明才智的无穷潜力，对女儿的信心和期望与日俱增，过去模糊、幼稚的教育理念也日趋清晰、成熟，她越发坚信教育女儿是一项需要精心培养的工程。她为女儿制定的目标越来越高，执行起来也越来越严格。

另外，对美国主流社会了解得越多，妻子的忧患意识就越强烈。在当今这个竞争日趋激烈的世界，我们没有足够多的财富，在美国也没有什么根基或人脉关系，亚裔孩子进好大学那么难，将来女儿如何在这里立足，更遑论幸福快乐。妻子的这种忧患意识，在第一代移民身上具有广泛的代表性。近些年甚至专门有一个说法叫“移民第一代恐惧”，这种恐惧驱动着父母们对下一代教育不遗余力地投入。

起码，妻子的这种忧患已上升为焦虑，进而转化成对女儿教育理念的执着，甚至是偏执。

在美国的很多华人家长都知道，在这个白人掌控着经济基础和上层建筑的社会，华人孩子只有比白人孩子优秀得多，才有机会胜出，跻身白人占主导地位的大学名校和高端职场。统计数据显示，近年来大学名校录取亚裔学生所要求的 SAT 分数，要比白人学生高出 140 分，更远远高于非洲裔和西语裔学生。比白人孩子优秀还比较容易做到，残酷的是华人孩子之间的竞争。很多华人家长认为，美国大学名校录取过程中对亚裔学生的隐形限额政策，将自己成绩远远高于其他族裔的优秀孩子挡在了名校大门之外。

近年来，由于亚裔学生在纽约市特殊高中录取考试中成绩优异，在全市八所公立精英高中学生中所占比例大幅攀升，造成了白人、黑人及西语裔家庭对纽约市特殊高中录取考试制度的强烈反弹。以史岱文森高中为例，据统计，1971 年该校学生以白人为主，黑人占 10%，拉美裔占 4%，亚裔只占 6%。而到了 2012 年，亚裔学生在该校占比达到了 72%。综观全纽约市，2011 年亚裔学生占全市公立高中毕业生总人数的 14%，却占八所特殊高中录取人数的 59%。20 世纪 70 年代，纽约州立法将考试成绩作为纽约市公立特殊高中录取新生的唯一标准，今天却因为这个政策伤害了某些群体的利益而受到一些人反对，以至于现任纽约市长公开扬言要废除它。

这里要提一下近年来引发广泛争议的所谓“模范少数族裔”悖论。这个说法最初见于 20 世纪 60 年代的美国主流媒体。其观点认为美国的亚裔在学校和职场之所以成功，是因为他们重视教育、工作努力，有一个稳定的家庭，他们能吃苦，且从不抱怨。这种说法看似在恭维成功的亚裔群体，实则是伤害亚裔群体和其他少数族裔的双刃剑。一方面，攻击了黑人等少数族裔：亚裔能这样，你们为什么不可以？隐喻了他们不够努力。另一方面，这种说法听上去好像所有亚裔都有这种得天独厚的优势，这个标签掩盖了亚裔族群本身存在的经济状况、社会地位和教育上的差异，忽视了亚裔中的低收入家庭、弱势群体面对的不平等现实，不是每个负担沉重家庭的孩子都像前面故事中女儿的同学那么幸运。而作为亚裔学生中的优秀一群，则成为这个悖论的延伸效应的另一受伤群体。

其实，纽约市长和那些特殊高中考试制的反对者故意忽视了“模范少数族裔”论当初之所以成立的最基本依据——亚裔学生们加倍刻苦的学习和亚裔家长们的长年无私付出，也忽视了另外一个残酷的事实：无论这些公立精英高中挤进再多优秀亚裔学生，大学名校为这些优秀亚裔学生设定的名额永远有限，许许多多亚裔家庭倾全家之力推举下一代向上流动的梦想注定无法实现。到了那个阶段，亚裔学生与其他族裔学生的竞争就变成了亚裔学生群体内部的“自相残杀”。

在一百个优秀华裔高中毕业生只有一个 HYP 名额的争夺中，你必须打败其他九十九个同类毕业生，才能证明你才是最优秀的那一个。

表面上看似华人孩子之间的竞争，其实背后是华人家长之间的暗中角力。有些互相熟识的家长台面上“你好我好”，私底下戒备心十足，俨然在为自己的孩子打一场阵地保卫战。由于学校成绩的不透明性，你不知道自己孩子身边游的哪一个是鲨鱼。有的家长只好盲目地紧盯所知的几个优秀华人孩子，把他们作为假想敌。他们让自己的孩子打听相熟同学的考试分数和期末成绩单，所以关系不错的华人同学之间互相询问成绩成了一种见怪不怪的现象，这也是学校里华人同学圈独有的现象。尽管家长们获得的信息残缺不齐，有些也许还是虚假信息，但家长们却凭此或盲目乐观，或兀自紧张不安。

妻子对亨特高中学生成绩不公开的政策有诸多抱怨，即便女儿的成绩单是全 A，她还会因不确定女儿处于年级何种水平而着急。失去了比照对象，找不到赶超目标，如同划艇在茫茫迷雾中前行。我也对学校的做法不理解，可是人家的规矩已经实施经年，且行之有效，肯定有其道理，咱们就往积极意义上理解吧。我想，这种成绩不公开的政策是为了营造一个良性竞争的环境。本来能够进入亨特的都是优秀学生，如果成绩公开，同学之间互相攀比，总是有人比另一些人更强。长此以往，相对落后的学生就会产生心理落差，打击自己的信心，并对比自己优秀的人产生妒忌甚至怨恨。一个人如果总是和别人比较，整天生活在对自己不满和对别人不满之中，幸福感会大打折扣。亨特的做法就是要引导学生把关注点放在自己的进步提高上，自己今天做得比昨天好，就会相信明天会比今天好。永远对自己充满自信，就不会对一时的失利纠结不已。这样也会使得同学之间的关系相对融洽，不至于那么赤裸裸，那么剑拔弩张。我们也是这样教导女儿的，不要管别人，做好你自己，做更好的自己，做最好的自己，就行了。

说归说，妻子的忧患意识在信息闭塞下发展为危机意识，紧绷的神经使得全家人都像自动上紧发条的陀螺，一刻也停不下来。女儿只知道要让自己做得更好，一个劲儿地往前冲。

八年级结束前，女儿问：九年级我的数学要不要再跳一级？

我的心提到了嗓子眼儿！

我们家住在邻近长岛的皇后区边缘，距离曼哈顿校区 25 千米。上下班高峰期间，曼哈顿校区到我们家单程耗时一个小时到一个半小时。每天早上六点钟女儿就要起床，一位好心的学生家长开车拼车接载我女儿和附近的几个同学去学校。下午放学，多数时间女儿先要搭乘地铁，再转巴士到我们家，每天往返都要近三个小时的奔波。

女儿在学校参加了七个社团，外加学校的管弦乐队，这些活动全部占用的是课余时间，每次社团活动都要一个小时左右。周末，除了数学补强班，还有长笛课。为了在管弦乐队坐上第一长笛的位置，妻子给女儿找了位老美老师教授长笛。

还有钢琴课。

哎，钢琴！每天两个小时的钢琴练习，雷打不动。

繁重的作业和排得满满的课外活动已然使得亨特的学生们半点儿喘息的机会都没有，外加耗时耗力的通勤，更让住家远离曼哈顿的学生们倍感疲惫。他们经常睡眠不足，有时想在放学回家拥挤的地铁和颠簸的巴士上赶作业，却又苦于没有座位。与女儿早上一起拼车的一个女孩儿，经常在车上睡眼惺忪地赶头天晚上没写完的作业。而女儿的习惯是睡觉前一定把当天的作业做完。每天早上女儿起床，妻子已经为她准备好了早餐。现在如果问起女儿当年妈妈都为她做了什么早餐，她一定会说不记得了，因为她都是在迷迷糊糊的状态中吃下早餐的。上了车，她会一路睡到学校门口。为了让女儿多一点儿睡眠，有时我会在女儿放学时绕道曼哈顿接上她，好让她在车上打个盹。

超负荷运转会压垮机器，太大的压力会让人崩溃。我日益担心女儿的身体健康和心理承受能力，小心翼翼又不动声色地监控着女儿的各项情绪和健康指标，比如留意她脸上是不是又长痘痘了，说话的语气是不是有点儿不耐烦了。

实际上，妻子一样为女儿的压力紧张，我们只是心照不宣。我是不敢多说，妻子好像也有意避开这个话题。她能做的，就是变着花样给女儿做好吃的饭菜，补充营养；早上六点到了，延迟几分钟再叫女儿起床，尽量让女儿多睡一会儿。有时候，她会借着跟女儿聊天，东拉西扯地问些女儿朋友间的琐碎事儿，实则从侧面了解女儿的情绪。偶尔她也会跟我流露出对女儿过重学业负担的不忍，而当我要深入这个话题的时候，她又会假装若无其事地说：“放心吧！我是当妈的，我心里有数！”

谁敢说心里有数？你知道女儿的承受极限是多少度？

而此时，妻子淡定地说：“咱不跳级了。”

女儿好像对妈妈的回答有点儿意外，她说：“可是 ×× 跳了两级了！”

妻子还是不疾不徐：“别管别人。咱不要赶得那么紧，有些时候，欲速则不达。”

我暗暗松了一口气。

不得不服，这个当妈的，还真是心里有数！

此时的妻子，就像她的英文名字——Grace——慈爱而优雅。

实验室！

*

数学不再跳级了，但妻子并没有放弃以她特有的方式提醒女儿始终不要偏离 STEM 的航向。

进入高中阶段，女儿听说科学队的几个同学找到了实验室。

申请美国大学时，有意主修 STEM 等学科的学生，如果在高中时有实验室的实习经验，会是加分项。如果所选的研究成果能进英特尔国际科学与工程大奖赛的四分之一决赛或半决赛，被名校录取的可能性就会大增；如果进入决赛甚至拿到了总冠军，那么麻省理工、斯坦福就是百分之百囊中物了。科学队的不少学生提前半年就开始忙着联系实验室了。有些同学的父母就是从事医疗、生物制药等行业的专业人士，跟一些实验室有关系，不费太大力气就定下了实验室和实验项目。

亨特高中科学队的指导老师也会帮学生联系实验室，但僧多粥少，公平起见，只好按学生加入科学队的时间顺序分配名额。女儿是第二个学期才加入科学队的，所以前几次实验室机会都与她无缘。妻子为此又气又急，气的自然是女儿什么事都比别人晚半拍，急的是我们没有任何跟实验室沾边的社会资源。

即便有机会进入学校联系的实验室，也鲜有机会像父母有资源的同学那样参加有价值的课题。亨特科学队的两个同学曾在一家实验室研究了一个学期的土豆皮，最后不了了之。

眼看等待学校科学队老师介绍实验室无望，妻子开始四处托人找关系，看谁在医院、实验室或大学有这方面的熟人。功夫不负有心人。朋友的朋友给了我们一条可靠信息，说有一位华人生物学教授在纽约市郊开了一间实验室，专门招收最聪明、最有天赋、有志于科学研究的优秀高中生。

我们好像看到了光明。按照朋友的朋友给的电话号码，我拨了那位教授的电话。连续三天，无人接听。于是我按照朋友给我的地址，去了那个市郊小镇。我开车在那个门牌号码前面转了三圈，始终看不出哪里像有实验室的样子。打电话给朋友，朋友又打电话给朋友，再次确认小镇名字、街名、门牌号无误。我泊好车，妻子跟我走到那间店铺门前（没错，就是店铺。铝合金落地玻璃门窗与两边的五金店和地毯店别无二致）。门锁着。落地玻璃门窗灰蒙蒙的，一定许久没有擦拭了，从这点可以判定店铺是中国人开的。疑惑中，我和妻子将脸贴在玻璃上向里张望。等眼睛渐渐适应了店里的昏暗光线，我看到了靠两边白墙摆放的两排金属支腿的简易桌子，白色的桌面上摆着一些显微镜之类的仪器。

找到了！尽管这个实验室藏身商铺间让我觉得有点儿怪异，尽管实验室的简陋陈设让我有点儿失望，我还是觉得光明离我们更近了一步。第二天，我和妻子又去，门仍锁着。第三天……我们抓住的唯一一根救命稻草也被大西洋的海风吹跑了。

唯一的希望，倏地来了，倏地又无声无息了。整个暑假，妻子着了魔一样念叨着实验室。放出去的各路消息相继回信儿了，连第二个门路都没有。

女儿在网上搜寻了无数有关实验室和教授们的信息，给他们发了几十封邮件，没有一个肯给她机会。

在一个充满近乎病态的竞争、信息饱和的社会，教育子女的压力能让所有人疯狂。只是不同阶层的人，有不同的焦虑，为不同的事疯狂。正当妻子在为女儿找不到区区一间实验室而心如火焚时，我在报纸上看到，曼哈顿上中城的一些精英阶层父母正在为孩子无法挤入每年学费四万美元的私立幼儿园而顿足捶胸，而纽约下城一所收费更高、标榜创新教育理念的新建精英学校，孩子家长们竟然因他们无法掌控孩子们在学校的午餐食谱而发飙，为在校园围墙外的转角处看到一个流浪汉而惶恐不安。

我想起很多年前的一句话：学会数理化，走遍天下都不怕。我真有点儿后悔当初没有相信这句话。其实我的数理化成绩不比语文差，为什么不逆着兴趣往理工科方向发展呢？要知道，当年高考时我的数学分数比考上华中理工大学的室友还高出一倍，虽然他还是我的数学复习辅导老师！

转眼又一个暑假就要到了，这时机会突然出现。亨特高中科学队在关系单位——纽约州立大学下州医疗中心实验室的两个名额，由于原来参加的学生毕业而空置出来，而替补的两个与女儿同届的同学中有一个因故退出。女儿听到消息，第一时间找到科学队老师，请求由她来顶替退出的同学。

也许女儿怯红的脸庞、急切的口气和充满期待近乎恳求的眼神让老师不忍说“不”，他当场就答应了。

我们的兴奋之情，几乎可与考上亨特相比。

女儿终于有实验室了！在妻子眼里，实验室好像与英特尔国际科学与工程大奖赛得奖画了等号。再往美好点儿想，好像女儿的一只脚已经跨进了名校大门！

故事不是妻子想象的那样。

故事也不是我想象的那样。我以为女儿会在实验室待上一个学期，最多一年。能拿个什么奖自然好，拿不到她也就放弃了这个念想了。谁承想，女儿在这间实验室一待就是四年！

爱、期望、责任感

*

是什么东西在支撑着优秀父母的教育理念？我认为是对子女的爱、对子女的期望和对子女的责任感。世上没有任何其他什么物种，能像天下的父母对自己的孩子那样，同时拥有这三种最可贵的情感。

爱是天生的，永恒的，无条件的。期望会因所处的时代、生存环境、富裕程度而变化，调升或者调降。责任感则由父母自身素质、爱和期望程度所决定。

而正是由于为人父母者同时拥有这三种最可贵的情感，也让很多父母拥有了为子女的成长、教育做决定的巨大权力，尤其是富有阶层和中国父母。

我看过《纽约时报》专栏作者大卫·布鲁克斯的一篇文章，题目叫作《别让爱成为孩子的负担》。他认为，父母对子女的爱应该是单纯的“我爱你”，是没有附加条件的。而当今父母对子女的爱是基于父母本身的价值判断，“其中掺杂着帮助孩子取得世俗成功的欲望”。“它不是单纯的‘我爱你’”。这种爱“常表现为操纵欲”。一方面，“父母无意中用他们的微笑和皱眉做了向导，让孩子往他们认为可以通往成功的行为发展”，另一方面，孩子为了得到父母更多的爱，会“努力学习、训练、得第一名、进入名牌大学”，以取悦父母。

布鲁克斯认为之所以会这样，是因为当今“精英至上的文化强大得出人意料。父母迫切地想让自己的孩子幸福，自然也就希望引导他们以各种可能的方式走向成功。然而精英主义的压力有时却会把爱放在错误的基础上。精英主义的基础是努力赢得的成功，根源于才能和成就。然而父母的爱本应该不在意成就。父母的爱理应是无条件的支持——这种馈赠既不能买来也无法赚来。这种爱置身于精英至上的逻辑之外，是人类最接近大爱的举动”。

他认为，这种有价值取向的爱会引起子女“巨大的内心压力，让孩子认定要想配得上这份爱，自己需要按某种特定的方式行事”，努力实现父母对自己的期许。

所以，这种爱“具有腐蚀性，会侵蚀孩子内心里对求学、专业、就业独立做出决定的标准。在关键的决策节点上，他们会下意识地想象父母如何反应。他们指导自己的人生时，会参考这些想象的反应”。

在我看来，布鲁克斯模糊了爱和期望的界限，就像有些父母一样，把对子女的期望当成爱他们的一部分。而在孩子眼中，父母的爱和期望是放在一起理解的，认为满足父母的期望就会得到父母更多的爱。是期望，是父母对孩子过高的期望，造成孩子内心的压力和感情上的负担。而父母不断提升的期望，是当今精英社会的价值取向所致。

我认为，绝大多数父母对孩子的爱都是单纯的“我爱你”，是无私的、无条件的。即便是孩子没能达到父母的期望，甚至让他们失望，他们也不会改变对孩子的爱。但是期望，会掺杂“帮助孩子取得世俗成功的欲望”，甚至会驱使我们以爱的名义，去做一些违背孩子意愿甚至伤害孩子的事。

人是一个矛盾体。我们一方面抨击雅虎前首席执行官梅耶尔奢华的生活方式和与社会脱节、冷漠强硬的工作作风，一方面又想让自己的孩子将来像梅耶尔那样成为某一家世界500强企业的首席执行官。特别是当自己的孩子具备了成功的可能性时，我们一定要倾尽全力支持他、帮助他甚至督促他。这时，爱、期望，就转化为我们的责任。

这不是父母的错。谁让我们生活在一个以精英作为成功标准的世俗社会呢？

别忘了，布鲁克斯本人也是一位精英！

在我们把层层加码的期望投向女儿的同时，我一直在小心翼翼地不让我们的期望成为她的负担。这么多年我一直都是在这种矛盾心态中度过的，尤其是当妻子一次次以她的微笑或皱眉甚至夸赞或呵斥导向女儿的选择时。

我既想让女儿优秀，将来过上更加美好的生活，又不希望女儿太辛苦；一方面耿耿于怀于父母当年对我的教育关注太少，一方面又觉得妻子对女儿的教育干预过多。

而妻子呢，一方面忆起自己幼时极为严苛的家教仍心有余悸，一方面又指责我“从小没人管”“懒惰散漫”“对女儿的事指一堆踏一堆”。

每个人都希望自己活出精彩的人生。但当你成为父母，特别是到了一定的年龄，你会发现最大的幸福是为孩子奉献，是挖掘出孩子的潜能，帮助他走向卓越。这种幸福感是其他情感无法替代的。这也是为人父母者人生价值的最好体现。

妻子年轻时是一家外贸公司的业务骨干。她工作认真负责，肯吃苦，多次获得公司先进工作者奖励。有了女儿，她几乎把全部身心投入到养育女儿上，有时到了忘我的境界。我经常半开玩笑说，我在家里连第三都排不上，最多只能算第三个半，另半个关爱也留给了女儿。

妻子理所当然地认为她比我爱女儿更多。她对女儿的期望更高，她的责任感更强，她的付出也更多。女儿一天天长大，妻子自己的纽约州立大学梦依稀远去。终于有一天，妻子把当年买的那些电脑课程书堆在了门前的回收垃圾中。

随着女儿荷尖渐露，妻子为自己的辛劳而获感到欣慰和欣喜，同时把欣喜转化为培养女儿的更大动力。

她渐渐变得有点儿像“直升机父母”，也就是那些每分每秒都盘旋在孩子头顶，督促他们在学业和音乐上不断进步的父母。

她明明知道女儿在她的房间自觉地完成作业，还是要每隔三十分钟站在女儿门口问，做了几道题？她对女儿的钢琴练习抠得越来越严苛，反倒常常让女儿被伟大作曲家优美音符激起的演奏热情熄了火。每逢女儿大小考试，不管女儿多么胸有成竹，妻子还会像得了健忘症一样一遍又一遍问女儿复习得怎么样了。女儿要登台演奏前，她会翻来覆去地跟女儿说："放松，不要紧张！"女儿说："我本来很放松，是你的紧张让我觉得紧张，请你放松，好不好！"

坦率地说，我无数次质疑过妻子为女儿的决定所做的导向和决定，也质疑过她不断提高的期望以及过于严苛的教育方式。但是我又无数次质疑过自己的质疑：如果不是妻子无条件的爱、她美好的期望和她极强的责任感，女儿能不能取得现在的成就？特别是女儿被哈佛大学录取后，我实在无法弄明白，在哈佛大学令人眼花缭乱的录取条件、没有硬性标准以及不透明的选拔过程中，女儿的简历哪一项是加分，哪一项是减分。所以我无法拿出有说服力的证据质疑妻子当初的某个建议或决策是否英明正确，尤其是在女儿年幼、尚无成熟判断标准和独立决策能力时，我们出于为她好代她做的那些决定。我也无意提倡或鼓励别人像我们一样教育自己的孩子，因为我一向主张每一个孩子都是独特的个体，世上没有适于所有人的教育模式。或许女儿这个独特的个体碰巧适合于妻子独特的教养方式，她们两个太有母女缘。

随着女儿一天天长大，有关女儿将来的职业规划在有意无意间进入了我们家庭的话题。在这个问题上，妻子一直持开放态度。即便她一直倾向于女儿朝 STEM 方向发展，但她从未硬性要求女儿将来必须从事什么工作。女儿很早就申明，她不会当医生。女儿有点儿挑剔。我也认为学医太辛苦，大学四年，医学院四年，还有实习期。如果再读个医学博士，出来都快三十了，对于女孩子来说太残酷了。与很多华人一样，妻子很属意医生这个职业，但她跟我一样不愿女儿为此赔上最美好的花样华年，所以并未坚持己见。

近年来信息技术行业大热，妻子可能更为自己错失投身信息技术业的良机而遗憾，试图引导女儿朝这方面努力。女儿却对学电脑当信息技术工程师毫无兴趣，说那工作枯燥乏味，是男孩子的职业。母女俩为此发生过几次不大不小的争执，后来妻子虽不再提及信息技术的事，但我知道她一直耿耿于怀。

那么，非 STEM 的热门行业呢？女儿说她不喜欢当律师。在高级律师事务所做一个高级合伙人当然颇有身份，但女儿是一个理想主义者，她不想整天埋首于没完没了的官司，上法庭，看到的都是社会上那些负面东西。这一点儿妻子和女儿一致，反倒是我有心让女儿做个大律师。女儿也说不愿从政。我和妻子都觉得赵小兰是华人女性从政非常好的榜样，同时也感叹政治圈儿水太深。那就算了吧。

有一次又聊到这个话题，聊着聊着妻子有点儿较真儿了：“你这也不想做，那也做不了，那你打算做什么呢？”

妻子高瞻远瞩，什么事都要早做打算。尤其是已经走在通往“精英”的康庄大道上，怎么能不志存高远呢？

女儿也有点来劲儿了，耸耸肩说：“不知道。也许去大学当个老师，教英文？”

她看了看妻子，不情愿地补充道：“或者教数学？”

气氛有点儿不对。我想开个玩笑：“美国国家航空航天局不是你的理想吗？”

女儿小时候我们带她去过华盛顿特区的美国国家航空航天局博物馆，她当时一本正经地跟我们说，她的理想是长大后去美国国家航空航天局工作。

女儿领会了我的苦心，又耸了耸肩说：“也许会，也许不。”

妻子幽幽地笑了一下，不再说话。

长曲棍球：失败的尝试

*

在一部名为《亚裔美国人成就的悖论》的学术著作中，作者珍妮弗·李和周敏从学术角度谈到了前面提到的“模范少数族裔”标签的消极意义和积极意义。她们注意到，近几十年美国第一代亚裔移民起点较高，其中一项优势在于他们受教育水平高，甚至高过美国人的平均学历。这些亚裔移民成为医生、科研人员或从事其他高学历专业岗位的比例格外地高。

毫无疑问，这些亚裔专业人士的子女和父母一样表现出色。但引人注意的是，亚裔工薪阶级的孩子往往也表现出色，展现出了非同一般的向上流动性。

重点在于：这种差异似乎并不是智力差异造成的。

有研究追踪了一群亚裔孩子和白人孩子从小到大的情况。一开始，两个小组在智商测试中的得分是一样的，但成年后，55%的亚裔进入了地位较高的职业，而白人的比例仅为三分之一。

结论是：亚裔的优势不是智力本身，而是如何利用智力。

其中重要的是亚裔文化传统对教育的重视，亚裔父母愿意为子女教育投入更多金钱和时间。

同时，大人的期待也会对孩子起到积极作用。如果父母、老师对孩子有较高的期待，也会让孩子有较高的自我预期，让他们感觉自己有能力做到更好，于是最终他们真的做得更好。

珍妮弗·李和周敏甚至认为美国社会的“亚裔更聪明”的正面刻板印象也是亚裔学生在学业上取得成功的原因之一。这种正面刻板印象提高了亚裔学生的自我期许，鞭策他们更加努力地学习，包括在学校的学习和才艺学习。

而“亚裔更聪明”所隐含的歧视指意是，亚裔孩子只会读书，门门功课全 A，但不会社交（安静、内向、呆板），除钢琴、小提琴外没有任何兴趣爱好，特别是不爱体育运动。这些特质，在申请大学时都是减分项。

一方面背负着家庭、自我和社会（正面刻板印象）的高期望值，另一方面又被负面刻板印象所压制，亚裔优秀孩子的压力之大可想而知。

从妻子或是毫不掩饰的夸奖或斥责，或是不露声色的默许或失望，从我或是转弯抹角、引经据典的劝导，或是鹦鹉学舌、老生常谈的说教，女儿读懂了我们希望她怎么做。小的时候，她会乖乖地照我们说的去做。长大了些，有时她有不一样的想法，表现出抗拒情绪，但最终还是会顺应我们的意志。再大一些，女儿的主动性越来越强，她会更积极地朝着我们期望的方向努力，除了一如既往地保持各科成绩全 A（或 A+），她不断拓展自己的其他技能潜力，尝试新的兴趣爱好，主动应对更高层次的挑战，让自己更优秀。

她选了拉丁语作为第二语言课；她加入了学校的演讲辩论队；她是亚裔文化社团成员，并担任了社团的中国舞蹈和街舞编舞（为此她特地回到原来学芭蕾的舞蹈学校学了一个学期的街舞）；她升为管弦乐队第一长笛；她被选为高年级辅导低年级的学生导师成员和写作中心学生导师；她是纽约女子预科中学数学队志愿辅导员；她通过考试，入选了哥伦比亚大学的科学荣誉课程……

她连续在全国拉丁语考试中获得金奖，她写的诗获得学乐艺术和写作奖全国金奖，她在国际钢琴大赛上获奖……

她还要挑战美国主流社会的专属领地：体育！

美国人对体育运动的热爱是出了名的，这是那种来自骨子里的热爱。美国从城市到小镇，几乎每个社区都有专门的棒球、足球（多是美式足球）或篮球运动场地。很多社区和学校都有像模像样的棒球队、足球队或篮球队。美国孩子从小就在自家门口玩儿棒球的投球游戏，或在自家后院练投篮，长大一点儿就会参加社区或市里、州里的各类比赛。体育运动和竞技精神渗透在美国社会的方方面面，成为美国文化的一个象征。人们社交聊天时刻离不开体育，以至于当你入职面试的时候，如果你能跟面试官就某项共同喜爱的体育项目聊上三分钟，也会为你谋到那份差事加不少分。

自然，常春藤名校垂青的高中生，体育运动特长是不可或缺的特殊能力之一。据说，如果把常春藤名校录取学生的各项标准换算成分数的话，体育一项占分最高。如果你是最热门运动项目全国高中联赛冠军队的一员，或是个人在某项全国青少年体育比赛中取得前几名，其价值几乎与英特尔国际科学与工程大奖赛得奖相等。一个著名高中划艇队的队长，大学评分绝不低于同级别的辩论队队长。富有家庭在孩子运动方面投入的金钱，绝不少于进入精英学校所需的花费。而富人家长在子女身上投入的时间，大部分都用在接送孩子和陪伴孩子运动训练上。

像亨特高中这样的公立明星学校，尽管不能像私立高中名校那样花大钱在奢华体育项目上，但热爱体育运动的风气之浓、对体育运动的重视之深，比私立学校有过之而无不及。亨特高中有太多运动社团选项，几乎涵盖了所有体育项目。小的社团只有几人十几人，多是一些边缘项目；受欢迎的重要项目，如棒球、长曲棍球、美式足球、游泳、击剑等，代表队成员很多，选拔也相对较严，想要成为其中一员也不是那么容易。

在这种体育文化熏陶下，女儿也对学校的好几个体育社团跃跃欲试，而且她强迫自己一定要参加一个学校代表队。说来，她并不是为了投常春藤名校所好，而是为了挑战主流社会对亚裔学生的负面刻板印象，证明自己不只是一个安静的亚裔书呆子女孩儿。她也相信就像在学业上、在钢琴上实现自己的期许一样，只要自己决心做的事情，就一定会做到。

当初让女儿学游泳和滑冰时，我对运动的态度是，玩儿一玩儿可以，运动有益健康的道理我懂，多些体育爱好，也是美国社会的重要社交形式之一，但是，绝对不能太辛苦，尤其是女孩子。

可是当你加入了学校的体育代表队，就不是玩儿一玩儿了。运动队不仅要经常代表学校参加校际、市、州甚至全国比赛，也要花很多时间在训练上。

由于女儿有较好的游泳训练基础，刚入亨特高中，女儿就打算加入学校的游泳队。但游泳队成员必须早上六点钟赶到亨特学院的游泳馆参加训练，那就意味着女儿每天要四点半前起床（我和妻子恐怕要四点钟就得爬起来，我还要亲自驾车送她去曼哈顿）。最怕的是冬天，从泳池出来，要顶着一头湿淋淋的头发在冰点下的寒冷空气中步行到二十多个街区外的学校。绝对不行！这一点上我和妻子的意见完全一致。女儿跟我们赌了一个星期的气，我们还是没有答应。

有些项目，必须从几岁的小童开始训练，十几岁再学已经晚了，比如击剑、网球等。还有些项目，比如排球等，女儿尝试后发现没有兴趣。最后，她告诉我们她要加入学校的女子长曲棍球队。

长曲棍球运动有点儿像足球，要在足球场那么大的场地上从这头儿到那头儿来回奔跑，对女儿的体质来说，运动量太大了。攻防中难免还会同队友或对方队员发生碰撞，即便戴着防护面罩，身上青一块紫一块也是难免的。但这些是唯一拿得出来劝阻女儿的理由了，不太具有说服力和压服力。女儿报了名，她还真的通过了测试，成了亨特高中女子长曲棍球队的一员。

每天下午放学后，曲棍球队都要到东河上的兰达尔岛训练，我会等在曼哈顿的河边，一边等着接她回家，一边看她们训练。

无论如何我都不相信那群疯狂的女孩子里面有我的宝贝女儿。那应该是美国西部旷野里女孩子的狂野运动。可是那群女孩子里唯一的黑发女孩儿明明就是她。她们奔跑着，高声喊叫着，挥舞着球杆，互相击打出噼噼啪啪的声音，争抢着我看不见的球。哎呀，女儿摔倒了！她在草地上滚了一下顺势站起来，又什么也不顾地朝前追去。好麻利！这个摔也是教练教的吗？

训练结束，女孩子们像散了架一样缓缓从桥上走过来。女儿身上的运动衫全都湿透了，背上沾着一大片草坪的青渍。上了车，她用手揉着肩膀，我问她，疼吗？女儿摇摇头，闭上了眼，累得连说话的力气都没有了，半分钟不到就睡着了。

女儿又从她每天拥挤的时间表中挖出半个小时，在我们家附近的小学操场练习截球、抛球、铲球等基本功，我成了她的陪练，气喘吁吁地跑来跑去替她捡球、投球。

暑假，为了提高自己的竞技水平，女儿报名参加了长岛的一个长曲棍球训练营。那些天正值我们说的三伏酷暑，一群女孩子在火辣辣的太阳下整天整天地训练，一个个挥汗如雨，粉白娇嫩的脸庞被晒成了红紫色。我真担心女儿中暑，但她硬是咬牙坚持下来。

女儿在曲棍球队待了一个学期，还是退出了。曲棍球队队员几乎全是白人女孩儿，人高马大，女儿的个头和体力无法与她们对抗。那些女孩儿大都是初中开始就玩曲棍球了，女儿半路起步，无论怎样刻苦训练，技术始终无法赶上队友，即便作为替补队员上场比赛的机会也没有。女儿自嘲说，再努力，我永远还是“板凳队员”。

她有点儿泄气，承认自己当初有点儿自不量力。

妻子鼓励她说，不管如何，你尝试过了，也做到了你的最好。

而女儿对自己这次失败的尝试，似乎久久不能释怀。那股劲儿不露声色地憋在心里，直到她成为哈佛大学划艇代表队的舵手，才圆了她的体育梦。

钢琴：父母的期许和自我期许

*

九岁，女儿轻松通过了NYSSMA（隶属美国音乐教育协会的纽约中小学音乐协会钢琴考级标准）六级钢琴考试，两年后又考过了英国皇家八级。当初女儿学琴时妻子的打算是考过皇家八级就不再让她继续学了，而今女儿成了老师最得意的两名学生之一，每次演奏会总是让她压轴登场。老师热情地推着她朝前走，妻子和女儿两人似乎也没有停下来的意思，我自然不敢赘言。其实继续练下去我也没什么意见，琴声已经成为我们家每天生活的一部分。如果没有妻子时不时令人心惊肉跳的指导点评，我倒是已经学会了欣赏女儿弹奏钢琴，经常陶醉于女儿指尖飞出的美妙音符，有时还会为大师们的传世经典深深感动。偶尔我竟然能觉察到女儿弹出的一两个错音。不知从哪天开始，调频105.9（纽约古典音乐电台）被我设定为座驾收音机唯一的音乐频道。这是女儿学习弹钢琴我不曾想到的衍生品之一。

女儿的琴艺在我称为魔咒般的循环中螺旋状提升：每次从老师手里拿到一首新曲子，她都会兴趣盎然地练上一段时间，她期盼着下一个演奏会把它完美地展现给大家。然而没完没了的重复训练，渐渐磨去了她投入的热度，她变得浮躁，练习变得效率低下。日渐繁重的学业，又在一点点挤占练琴的时间。每到这个时候，女儿的状态变得极其不稳。这段低谷期也是母女二人争吵的高峰期。过了这段时间，演奏会进入倒计时，她又渐入佳境，日臻完美。当她在演奏会上把这首曲子精彩地奉献给观众，收获一片掌声和赞美时，她品尝到辛劳付出后的甜蜜，体验到征服后的满足与自信，早前练琴中的烦躁便会被忘得一干二净。她期待着老师再给她一首难度更高的曲子，然后是下一个循环……

后来，差不多有一年时间，女儿的琴艺处于停滞状态，俗称遇到了瓶颈，怎么都上不去了。老师也想推她再上一个台阶，给了她一部难度很高的《弄臣》，作为年终演奏会的压轴曲目。《弄臣》是李斯特改编自 G. 威尔第经典歌剧的高难度炫技作品，在我听来，女儿弹奏得气势恢宏，流光溢彩，但作为内行人的妻子却听得出内中粗糙。在众家长的道贺声中，妻子笑得有几分勉强。她倒是没有对女儿表现出不满，她十分清楚女儿那时的弹奏水平，根本无法掌控这部鸿篇巨制。

但是女儿却自责为自己音乐天分不足，还埋怨自己的手太小，本就不是弹钢琴的料。她练琴的时候时常流露出烦躁情绪，有时会冷不丁拍出一连串刺耳的噪声。终于有一天，女儿跟妻子摊牌，说她不想再继续弹琴了。

“你说什么？”妻子声调平静地问。

女儿又重复了一遍，眼神由犹豫变为挑衅。

我的脑子里“嗡”的一声，头发都要竖起来了。我多么希望女儿接着说：“我只是开玩笑！”

屋里的空气像凝结了一样，几秒钟后，气团炸开了！

好像妻子早有预感。她气得脸都扭曲了，抓起钢琴上的一叠曲谱摔在地上，然后是节拍器，不知是一个什么小零件从我眼前飞过，弹射在墙壁上发出一声清脆的金属撞击声。最后妻子抓起盖在钢琴上的紫色丝绒琴罩甩向天花板，一边叫喊着：“好！好啊！不弹了，咱不弹了！这些东西，咱都不要了！”

我在想，如果那架钢琴是一把小提琴，可能早已从我家的窗口飞出去了。

泪水决堤一样从女儿眼眶里涌出，她委屈地喊着：“我早就受够了！很早很早就不想再练了！我根本就不适合学钢琴！我恨死钢琴了！”

妻子怒不可遏地叫着：“你练了这么多年琴，花费了这么多时间，说不学就不学了？说放弃就放弃了？好轻松！你不尊重你自己的劳动，你知不知道尊重别人的劳动？你知不知道我在这上面花费了多少心血！知不知道我这么多年辛辛苦苦陪你练琴是为了什么！你知不知道……”

“不知道！我不知道！都是你要这样的！不是我！”女儿毫不示弱地打断了妻子。她咄咄逼人地瞪着妻子，那眼神我从来没有见过，让我害怕。

女儿继续冲着妻子哭叫着说：“是！你说我练了这么多年琴，花了那么多时间，那么多时间对我有什么意义？那些时间本应属于我玩乐的时间！你是不是以为我每天坐在琴凳上那愚蠢的两个小时比别人玩乐还快乐，哈？”

最后那声“哈”，充满了嘲讽、幽怨、抗议。

妻子眼里闪过一丝茫然，几秒钟的冷场。突然，妻子崩溃似的哭出声来，转身跑进卧室，一个人在里边一边哭一边咆哮。

半个小时后，一切沉寂下来。

既然已经摊牌了，我想让这件事尽快完结。我蹑手蹑脚地走到妻子面前，讪笑着说：“当初咱们的目标不就是英皇八级吗？凯特已经……”

“你知道什么！”妻子带着哭腔打断我，“英皇八级够吗？英皇八级对常春藤来说什么都不是！你知不知道人家 ××× 和 ×× 都考上曼哈顿音乐学院预科了？”

妻子说的这两个女孩儿都是女儿在亨特高中的同学，她们考上了曼哈顿音乐学院的预科，但是她们哪有时间去上课？可是能考上曼哈顿音乐学院预科足以说明她们的琴艺已经达到了一定的水平，据说将来申请大学写在简历上会很好看。

妻子继续说道：“凯特一点儿不比她们俩弹得差，我也没想逼她去考曼哈顿音乐学院，可是常春藤要求特殊才艺能力，她说不练就不练了，将来凭什么……”

妻子语噎了。连我都知道，当今弹一手不错的钢琴或拉一手不错的小提琴几乎已经是华人学生的标配。对常春藤名校来说，要弹得好到什么程度，才符合“特殊才艺能力”中的“特殊”，才能为她的申请加分？如果是为了上一所好大学，就算女儿继续练下去，再花费上千个小时，意义真的很大吗？

最终，妻子妥协了。

整整半年，我们家那架钢琴寂静无声。不只是寂静无声，它几乎就像不存在。每个人从钢琴旁走过，都有意将视线移至别处，或是视若无睹。我几乎考虑把钢琴卖掉，怕它摆在那里哪天会再勾起妻子内心的不甘。我甚至不再打开车里的古典音乐频道，我希望大家都忘掉钢琴，忘掉音乐，希望大家心里永远像这半年这样平静，没有琴声，也没有风雨声。

妻子从没在心底忘记过它，一天也没有过。

女儿更没有。

女儿的心里从来没有平静。当把弹琴当作必须做的事情成为一种被强迫的时候，成为日复一日的课程表的一部分的时候，她认为自己不喜欢弹琴，认为它又苦又累又枯燥，有时甚至厌恶弹琴。当她陷入琴艺无法进步的困境时，一度失去了自信。然而当她放弃之后，才发现其实自己离不开钢琴。没有了激情磅礴的英雄赞歌，没有了委婉感伤的爱情泣诉，听不到低音键滚雷般的深吼，听不到高音键云雀般的鸣唱，她觉得好像没有了灵魂。她忘不了几年来那些优美旋律轻抚心弦的感觉，她怀念沉浸在动听琴声中忘乎天地的心境。不知什么时候，一段熟悉的琴声就仿佛在耳边响起……她知道，那天她跟妈妈说的全是气话。更重要的是，她对自己放弃坚持的决定始终有种屈辱感，有种不能原谅自己的心痛。她总是听到发自内心深处某个角落的呼唤：你应该弹得更好，你可以弹得更好！你是那么热爱它！

有一天妻子不在家，我竟然发现女儿在悄悄翻动堆在墙角的琴谱。这是什么情况？我假装什么都没看见，也没多想。

不知道女儿纠结了多久，有一天她红着脸跟妻子说，她还想重拾钢琴。

这比当时她放弃习琴还要让妻子难以置信。

女儿说，以前她更多的是在为妈妈练琴，为妈妈说的那些好处练琴。从今天起，她要为自己练琴。为了热爱，也为了信念。

她希望找一个新的老师，也许不同的指导方法能够帮助她突破瓶颈。她让我们相信，她决不会再半途而废。

晚上，妻子躺在床上，难以入睡。她轻声感叹道：女儿好像长大了！

经朋友介绍，妻子找到了颇有名气的 Y 老师，请他做女儿新的钢琴老师。

Y 老师是一名成功的华人年轻钢琴演奏家，多次在国际钢琴大赛上获奖。同时他还是位优秀的音乐教育家。由于求拜他为师的学生太多，他挑选学生的标准十分严苛。也因为他教出来的学生水平较高，每年他都在著名的卡内基音乐厅或林肯中心举办优秀学生演奏会。

只陪着女儿上了一节课，妻子已经认定找对了老师。Y 老师跟我妻子说，女儿需要的是细腻的乐感训练。他对我女儿很有信心，但是一定要接受他的教学方法和进度安排。他让女儿退回到更简单的曲子，从严格的技巧基本功练起。

沉寂了半年的钢琴声又回来了。

为了培养女儿的乐感，Y 老师手把手地教她感觉指尖按下琴键时细微的力量差别所产生的细微音质变化。经过反复揣摩和细心品味，女儿的乐感在短时间内有了飞跃性的提升。她渐渐克服了以前急于求成的毛病，一个音符一个音符地理解，一段旋律一段旋律地弹练，力求每个音符的轻重、每段旋律的缓急准确表达出曲子的叙事和作曲家赋予的情感。

最初几个星期，女儿对重新练回简单的曲目时有抱怨，有时能听出来她是在敷衍应付。妻子自然不会坐视不管，但我发现她跟以前不一样了，她不再像过去那样大声叫喊，也不再数落起没完，只是简明扼要地指出哪里不对，哪里应该轻，哪里应该重，语气平和多了。

渐渐地，妻子发现女儿也跟以前不一样了。坐在琴凳上，她比以前沉静很多。她那投入的样子，好像在试图进入作曲家的内心世界，又好像在细细聆听自己的心声。

整整一年，Y 老师没有给女儿任何参加演奏会的机会。女儿练习曲目的难度在缓慢地提升，慢得连妻子都快坐不住了。但是她听得出女儿弹奏的质量在显著提高，她的琴声一天比一天细腻，音节中每一个细小的表现都很到位，看得出她的指法更加娴熟，她的身体语言也更自然生动，与旋律的起伏跌宕完美地融合。

一年半过去了。一天，Y 老师给了女儿一首莫扎特的钢琴协奏曲 A 大调 K488 第三乐章，说秋天要为一个慈善基金会举办一场募捐音乐会，让女儿的演奏作为音乐会的压轴演出。

让女儿和妻子激动不已的是，演奏会将在她们朝思暮想的卡内基音乐厅举行！

卡内基音乐厅，金色的音乐圣殿！

那天晚上，女儿穿上妻子特意带她买的黑色无袖长礼服，坐在硕大的黑色史坦威三角钢琴前，被一群身着黑色西装、礼服的年轻男女乐手环绕着，在浅金色的舞台灯光映衬下，那个画面，神圣得让人窒息。女儿优雅地将头轻轻一侧，按下了琴键。一串绝美的音符从女儿纤细的指尖流淌出来，那琴声就好像几只百灵鸟鸣唱着飞向金色大厅的穹顶，又好像一股清泉从长满苔藓的石涧跌下。这是一支欢快的曲子，又有几分莫扎特华丽的宫廷音乐风格，女儿和乐队的演奏堪称完美！

最后一个音符落下，台下响起雷鸣般经久不息的掌声。

掌声！看着女儿在舞台上花儿绽放一样的笑容，我明白了，支撑女儿重新坐在钢琴前的，除了已在她心中萌发的自我期许，还有掌声——成功带给她的喜悦和满足！

女儿的这次退出、再出发经历，给了她一次重要的人生启迪，她开始从全新的角度审视自己，审视自己面对的世界，也让她在以后的成长道路上有更大的信心挑战自己，更不轻言放弃。

第二年，在林肯中心，女儿再一次收获了巨大的成功和掌声。

爷爷和孙女

*

古语说：父母在，不远游。而我兄妹四人，全部远游在外。我和二妹、小妹都在国外，只有大妹留在国内，还远在一千多公里外的深圳。这不说明我们几个当儿女的不孝，只能说明我们的父母十分开明。他们不是那种把子女都拴在跟前，为他们养老送终的父母。我们兄妹几个想去哪里，父母都尊重我们的决定。我们想干什么，他们都不过多干涉我们的选择。也许他们本身就是志在四方的人，从新中国成立前夕投身革命、离开农村老家起，便开始了居无定所的革命生涯，党指派到哪里，卷起铺盖就出发，党叫干啥就干啥。他们不光无暇照顾孩子，也顾不上孝敬父母。我母亲娘家还好，有众多舅舅、姨伺候姥姥姥爷，父亲家却只剩爷爷奶奶老两口。爷爷五十多岁就得肺结核病去世了。在那些特殊年代，奶奶一个人孤零零地在乡下过了近二十年。直到去世前两年，奶奶才被接到省城跟我们一起住，算是享了几天儿子的福。

2003 年，非典猖獗的日子，父亲被诊断出了癌症。虽然成功切除了肿瘤，但此后几年，他一直被手术并发症折磨，身体日渐虚弱。即便如此，父亲也不愿我们因为照顾他而影响我们的工作和生活。

2008 年，父亲的肾功能几近衰竭，开始做机器透析，长时间住进医院。我回去看他，发现他的精神状态大不如前，眼睛里已没有了往日的亮光，背明显弓了起来。一天，病房里只有父亲和我两个人在聊天，父亲话题一转说道："现在国内改革开放形势越来越好，你有没有想过回国发展？"

我没有多想，随口说："想过，不过美国的生意怎么办？"

父亲不再说话。

有一天我陪着父亲看电视，我大概记得电视上播出的是有关美国的节目，父亲突然发了句牢骚："美国有什么好？去了就不想回来！"

我明白父亲的心思了，但不知道该如何接腔，心里有点儿歉疚。

临回美国之前，父亲跟我说："有空儿多带凯特回来看看，我想她了！"

父亲最疼爱他这个孙女，全家人都知道。女儿跟爷爷也格外亲，虽然女儿跟爷爷相处的日子不多，但她见到爷爷，一点儿都不怯生，爷孙俩的互动自然融洽。连妻子都说："奇了怪了，这就是所谓的血缘亲情吧！"

有一年春节期间我在纽约和父亲通电话，女儿在旁边嚷着也要跟爷爷说话。那天恰好是美国的情人节，女儿抓起话筒说了一句："爷爷，Happy Valentines Day！"

我和妻子都笑了起来。我接过话筒，父亲问："凯特说的什么呀？我听不懂。"

我说："她跟你说'情人节快乐'。"

父亲愣了一下，哈哈大笑，笑得连声咳嗽起来。

女儿考上亨特高中后的那个暑假，我带她回国看望爷爷。

一段时间来，我确实考虑过回国的事情。父母都老了，父亲身体又成了这样，这都是当年离家时不曾考虑的因素。他们需要我。生意可以从头再来，可是女儿的学业怎么办？她在美国出生、长大，受美国学校教育，适应了这里的一切，特别是她一天比一天优秀，她会考上一所美国名牌大学……

我担心，见到父亲，他会不会再跟我提回国的事儿。

父亲看到孙女，格外高兴。他让凯特坐在他身旁，搂着她的肩膀，女儿亲昵地偎依着爷爷。父亲问起她的学习，女儿简略回答后，我特意跟父亲说，凯特考上了全美排名第一的公立高中。父亲眼睛一亮，低头端详着孙女，连声说："了不起，了不起！"

每次我跟父亲通电话，他都要问起凯特的学习，我只是简单地说"很好"或"她很聪明"之类的话，我不想耗费他太多力气。在父亲印象中，孙女学习一向优秀，但他可能没有想到会如此出色。他趣味盎然地问起亨特高中的情况和凯特在学校的学习生活细节。母亲说，很久都没有看到父亲这样的精神头了。

父亲说："这么说来，凯特将来上一所好大学肯定没问题了。"

我说："是的，我们的目标是进常春藤盟校。"

我解释说，常春藤盟校是美国最著名的几所大学，也是世界排名最靠前的几所大学。

父亲说："是不是像牛津大学、剑桥大学一样？"

我记起来了，父亲当年去英国考察的时候曾参观过这两所名校，印象深刻。

我说："对，常春藤中的哈佛、耶鲁、普林斯顿排名比牛津、剑桥还要靠前。"

父亲若有所思地说着："好，好！"

晚饭，父亲多吃了半个馒头，那可是他平时饭量的一倍了。母亲高兴地说："凯特不要回美国了，这样爷爷天天都能吃这么多了！"

第二天，父亲气色显得更好了，他要带凯特去城市新区的中央商务区会展中心如意湖文化广场看看。

我们驱车来到这片省城最漂亮的地方。在这个缺水的城市，竟然新开挖了一个巨大的人工湖和一条十多公里长的人工河。清澈的湖面上，倒映出会展中心的银色屋顶和难得一见的蓝天。成群结队的红色锦鲤，沿着湖边追逐游客们撒在水中的食物，在蓝色的湖面上画出一片片红云，煞是壮观。父亲接过我们事先带来的面包，跟凯特一起，把面包掰成碎片撒向鱼群。鱼群蜂拥而至争抢起来，翻起一阵阵白色的浪花。女儿兴奋地蹦着，父亲脸上绽放出孩童般的笑容。

我们陪着步履蹒跚的父亲，沿着人工河石砌的河岸慢慢地散步。女儿搀扶着爷爷的胳膊，静静地走在一旁，我和母亲跟在后面。爷孙俩相扶而行的背影，画面温馨，母亲抬起手抹了抹眼泪，我的眼睛也潮湿了。曾经叱咤风云的父辈，正在老去；新一代风华少年，即将踏上美好的征程！

我和女儿返回美国的前一天晚上，父亲把我叫到他的床前。回来这些天，父亲闭口不提要我回国的事儿，这时我想，该说的话还是要说了。然而父亲的话，却大大出乎我的意料。父亲说，这两年，他确实想让我们回来。他知道自己的时间不多了，他想每天都能看到我们。但是他想明白了，其实我们回来也帮不上太多忙，只会被拖累。只要我们几个在外面都好，他也就放心了。

他说，特别是看到凯特长得亭亭玉立，仁义孝顺，聪明好学，他十分欣慰。她考上这么好的高中，更是让他骄傲。他认为凯特前途不可限量，他要我全心培养他这个唯一的宝贝孙女。他说，我这么做就是对他最大的孝顺。

父亲最后的话让我感动不已。他说，他这一辈子忙于工作，忽略了对我和几个妹妹的培养教育，耽误了我们。现在不能因为照顾他，再影响了孙女。他说让我好好陪伴凯特长大，也算是他作为父亲对儿子的一点儿补偿，作为爷爷对孙女的一点儿心意吧！

2011 年春节过后不久，父亲病情急转直下，医生下了病危通知，我匆匆忙忙赶回去。经过抢救，父亲脱离了危险。他瘦弱的身体裹在厚厚的白色被子里，胳膊上、嘴上、鼻子里插满了管子。即便到了这个时候，他还惦记着孙女。他用少气无力的声音告诉我，如果他走了，不要让凯特回来，不要让她请假。

我回到美国刚一个月，父亲又告病危。在香港机场转机的时候，我接到了妹妹的电话，父亲已经走了。

我没有听父亲的话，让妻子带着女儿火速赶了回来。在父亲的下葬仪式上，凯特双目凝重地望着爷爷微笑的遗像，按照中国古老的习俗，给爷爷磕了三个头。

我看着女儿，心想，你的身上，也肩负着爷爷的期望。

爸爸，虫子！

*

纽约州立大学下州医疗中心位于纽约市布鲁克林区东弗莱布什，周围治安不靖，是纽约犯罪指数最高地区之一。医疗中心两个街区外的地铁站出入口处，一天 24 小时都有警察或辅警驻守。当初争得实验室名额的时候根本顾不得考虑安全因素，更来不及想通勤这样的次要问题。女儿打算搭乘公共交通工具前往医疗中心的实验室，但是从我们家附近到布鲁克林的医疗中心没有直达巴士线路，地铁也要绕道曼哈顿、换乘两次列车，相当于走完直角三角形的两个直角边才能到达，单程耗时至少一个半小时。相比通勤不便，我们更担心的是女儿出入实验室的安全问题。为此我和妻子开车来到实验室附近的街道观察环境，看哪一条街人烟稀少，哪一条路民居稠密。我们又来到地铁站，妻子亲自下到地铁站里面实地考察。非高峰时段，黑洞洞的站台上望到尽头只有一两个人影。纽约大都会运输署出于节省成本的考量撤销了流量较小的地铁站内的人工售票窗口，这个地铁站也没能幸免。妻子从地铁站一上来就说，决不能让女儿搭地铁来这里！

于是，每个周末，还有每个暑假的周一到周五，我成了女儿的专车司机，上午送女儿前往实验室，傍晚再把她接回家。两趟往返，差不多要花去我四个小时时间。到了十一年级，女儿周末要先赶往曼哈顿上西区的哥伦比亚大学上荣誉科学课程，我的驾车路线又改为皇后区东北部—曼哈顿西哈林区—布鲁克林腹地，从地图上看，这三个点形成一个完美的等边三角形。车程？再加一个小时，另加一个小时荣誉科学课程的等候时间。

女儿在医疗中心放射肿瘤实验室的主要工作是观察放射线对癌细胞的作用，比较不同取样组的数据变化，分析整理这些数据，供医疗中心的教授做课题研究。我把这个工作叫作“数细胞”。我从未踏足过实验室，但我的脑海里早就有了实验室的刻板印象：三十年前我就从报纸上看到过无数类似的报道，学生物和医药的中国留学生沦为实验室的廉价劳动力，日复一日、年复一年的工作就是洗刷试管。相比之下，在显微镜下数细胞听起来好像还更专业一点。

每次女儿从实验室出来上了我的车，我都禁不住打趣问，今天细胞数得怎么样啊？女儿都会说：很好啊！或者是：不错呀！

有时我会好奇：天天这么数，不烦吗？

女儿的回答并没有刻意掩饰：不觉得。

实验室的另外几位学生，包括女儿在亨特高中的同学，早已把医学选定为学习方向，自然对数细胞之类的事情充满热情。如果不是自愿选择，而是家长的意愿，这些学生起码也是被逼无奈，不得已而为之。可是女儿呢？显然两者都不是。女儿有无数借口和理由可以少去实验室或缩短在实验室的时间，但她似乎连提前离开实验室大楼几分钟都不情愿。

终于有一天女儿告诉我，其实一开始她一点儿都不喜欢实验室的工作，甚至想过退出。但她清楚地知道，中途退出或换人，势必打乱实验室研究课题的进程。既然当初是自己争取的，坚持下去是自己的责任，是兑现自己的承诺。而既然要坚持下去，就要调整自己的心态，试着把枯燥乏味的工作变得有趣。慢慢地，她还真的不再觉得乏味了，由自觉变成了自愿，成为实验室课题团队中最出色的一员。

随着实验进程，女儿她们要参与活体研究，就是从癌症患者身上切下的组织中提取癌细胞并进行分析研究。早前我曾说过，女儿“picky”（挑剔的；吹毛求疵的），是那种看见一点儿怪异的东西都眉头紧皱、恨不得退避三舍的人（英语里叫这类人 picky），如何做得了这种事？更可怕的是，她们被要求亲临手术室现场观摩手术过程！

女儿胆子有多小，我再清楚不过了。她小的时候，有一次周末加班我们带她去办公室，我们忙的时候让她坐在外间沙发上玩儿。后来妻子发现她一直噘着小嘴站在门口，追问之下，女儿说：“有一只苍蝇在沙发上坐着呢。”那个“坐”字让妻子笑岔了气。

妻子说：“一只苍蝇？你把它赶走不就行了！”

女儿嚅声说：“我不敢过去。”

上中学了，有几次她在安静地写作业，突然从她的房里传出一声尖叫，随之是她的求救声：“爸爸快来！墙上有只虫子！”

我急忙跑过去，见到她缩着脖子，一脸惊恐地指着窗子旁边的墙壁：“你看！”

我看到一只比蚂蚁大不了多少的幼蜘蛛，或者从窗缝里爬进来的瓢虫大小的不知名小虫。

有一次我陪国内来的朋友游览自由女神像。轮渡甲板上，一群初中生模样的男孩女孩聚在一起听领队老师讲解着什么。突然孩子们大声叫喊着四散逃窜，原来一只黑蜂飞临他们头上。这些号称天下最勇敢的美国熊孩子！

这样的美国熊孩子，要去观摩大型外科手术？

女儿全程观摩了手术过程，没有尖叫，没有呕吐，没有转过头去。

前几年我看到一篇文章，作者是美国常春藤名校毕业的中国学生，事业有成，小有名气。但他在文章中，似乎对自己高中时为冲击名校以及在常春藤名校的求学过程充满厌恶和鄙薄，甚至对培养他成功的大学诸多怨怼。

这代表了一部分“成功者”。像千万个中国孩子一样，他们除了上最难的课程、保持最好的成绩、夺得奥数冠军，每天还要练两个小时钢琴、打两个小时网球、到边远山区帮助贫困儿童，他们一天只睡四个小时，没有娱乐，没有朋友。他们总是身负压力，没有安全感，他们感到孤单、忧伤、痛苦、沮丧、愤怒、迷茫。

最后作者写道，如果一切从头来过，他还会选择做他当年在高中做过的事，但他会因为自己真心享受这些事情而去做。即便他不会被常春藤名校录取，他更愿成为一个更快乐、更健康的人。

作者在他后来的一篇文章中，对自己的前述观点有了新的感悟，少了负面情绪，多了积极向上的心态。但无论如何，他的文章还是呈现一种事实，对很多人来说，追求成功的过程、证明自己卓越的过程，需要付出何等不堪的痛苦代价！

而我认为，对另一部分优秀孩子来说，这个过程也许并非如此地不开心，也许很多时候还伴随着欢乐。这种不同，除了智力成分和个性差异，还取决于你的成长环境、父母对你的期望和自己的自我期许程度。这也意味着，父母对子女的期望究竟该有多高，该给孩子施以多少压力，其分寸多么难以把握。

我赞同该文作者的一个观点是：生活就是一个学习的过程，是一趟知识的旅程。明白了这个人生道理，就应该去享受学习知识的过程，而不是像苦行僧一样，抹杀自己的天性和爱好，疾恶如仇般应对学习，在走向成功的沙漠里索然无趣地艰难跋涉，即使成功了，也还觉得自己是个失败者。

即便已被哈佛大学提前录取，在接下来的一个学期里，女儿仍然坚持每个周末去实验室。用她的话说，她喜欢在显微镜下数细胞的感觉。

如果从另外一个角度切入，也可以解释同样的过程，为什么有人感受的是扭曲，有人伴随的是快乐。这个角度，就是你对子女的期望是出于纯功利的目的，还是结合了孩子的“本色”，也就是他们对某门学科(或某项运动、某个活动)的兴趣和热爱。

我还看过另一位美国名校毕业、自中学起便赴美国私立学校读书的中国媒体人写的文章，其中谈到了这个观点。她认为，面对美国大学录取过程所采取的“全方位衡量方式”和日趋激烈的竞争，“一些学生确实会为了申请大学的功利目的而包装自己，会为了丰富简历去从事一些自己并不热衷的活动——类似的现象不仅存在于美国”。他们“将它看成一场残酷的竞赛，参赛者需要抛弃自己的特色，抱着赢得比赛的目的”，勉强自己努力变成名校所希望的完美选手，“那么别扭和痛苦是在所难免的”。而更多的美国学生，其学习和活动的最主要动力仍旧来源于他们对于知识和所从事活动内容本身的热爱。

没人敢说自己追求目标和实现自我期许的过程没有一丝功利色彩，其实两者并非一定是对立关系。但是，在为自己的孩子订立目标或者期望的时候，少些功利考虑，多观察、了解孩子，发现孩子的长项和独特之处，引导他们将其发挥到极致；在另一些方面，人天性里就有懒惰、贪图安逸的一面，父母既要考虑孩子的感受，也要订立一些切合实际的硬性要求，施以适当的压力，帮助他们树立自我期许和实现自我期许的信心。

令我感到庆幸的是，女儿的高中经历，虽说有时也伴随着眼泪，曾有过纠结，也曾有过失落和失望，也许还有过挣扎和痛苦，但她更多展现的是积极向上的心态。她身边一直都有真挚的朋友，她们一起“哈韩”，一起在曼哈顿的大街小巷遍寻美食；她热爱生活，追“美厨大赛”，每天早上花二十分钟化妆（另一种“完美”追求），一边听歌曲一边写作业；她缺少睡眠，但她走在路上总是昂首阔步，脑后的马尾辫随着她愉悦的心情轻快地甩动……

四年中，实验室在国际放射医学研究学会期刊上发表了两篇有价值的学术文章，女儿的名字也荣登作者之列。但是她们抱以厚望、耗费三个暑假心血的英特尔国际科学与工程大奖赛参赛课题，却铩羽而归。我从功利的角度评判了女儿四年实验室经历的得与失。我认为跟练习弹钢琴一样，实验室经历有助于女儿学会沉下心来，不求成果立现地长期坚持做一件事，防止滋生浮躁心态。然而，这个“得”所付出的四年代价有点儿高，而且恐怕难以为女儿大学申请的简历加分。

妻子的看法恰恰相反。尽管结果没有像她期望的那样，哪怕女儿她们的课题能够进入英特尔国际科学与工程大奖赛的四分之一决赛，妻子仍然坚持认为这四年实验室经历让招生官看到了女儿求知兴趣的多样性，也支持了女儿科学学科全 A 的成绩，同时让招生官注意到了女儿凡事坚持专注而非出于功利——包装自己这样的品质亮点。

化身希帕蒂娅的缪斯女神

*

缪斯是希腊神话中的诗歌艺术女神。希帕蒂娅是古希腊杰出数学家、哲学家和天文学家，博学多识，貌美迷人，是有史可考的第一位女数学家。

我和妻子一样，当然希望女儿成功。尽管多数情况下我只是追随者和执行者，但在养育女儿的大的理念上，我一直与妻子保持一致，全力以赴支持着女儿通往成功道路上的每一步。不管女儿对什么新东西表现出兴趣，我和妻子都鼓励她去尝试。尽管对女儿会在哪个方面或者说哪个领域成功的可能性更大的问题上，我在自己内心深处隐约有与妻子的期望不同的声音。也可以说我自己就是矛盾的：从理性上，我赞同妻子希望女儿朝STEM方向发展的想法，那毕竟意味着女儿会有丰厚的收入和受人尊敬的工作。从感性上，我总觉得女儿从我们两家血缘里继承更多的应该是文学和艺术的基因。非要让一身文艺细胞的人去搞STEM，这就好比天生的一个左撇子，你却非要让他去当右桨手。这成了我的一种迷思，深藏于心却不能言说。

不能说不代表什么都不做。我不动声色地从女儿的言谈话语和学习生活中观察着她的志趣走向。小学四年级的时候，我在无意中看到女儿写的一首诗。细读之下，我吃惊不小。从女儿略显稚嫩的字里行间，我看到了超越她年龄的情感抒发和意境想象，文字优美生动，竟让我为之动容，有一种惊为天人的感觉。之前女儿也多次写过所谓的诗，但我都把它们视作她的涂鸦之笔，没有多留意。此刻，我恍如看到窗外的夜空中，拖着长长裙光的缪斯女神一闪而过。

我一直在期待着什么，然而此后的很长时间，我没再看到女儿的诗。不知道是她不再写了，还是写了有意不让我们看到。

当女儿像随便一说一样说她将来可能会当大学英文教授时，我心底深处那个地方又轻轻亮了一下。

女儿的作文，经常被英文老师展示在班级走廊的墙壁上。

但是，STEM 才是我们前进的方向。女儿无论数学、化学、物理、生物，每科成绩都是 A 或 A+，确凿无疑地证明她始终没有偏离妻子期望的轨道。

所以，我从来不敢说：让女儿上一个写作加强班吧！

我唯一能做的“小动作”，就是鼓励女儿多读书。古典文学、流行小说、诗歌，什么都行，只要是文学。当然在妻子看来读书本来就是正大光明的事，读书，从来也是妻子赞许和支持的好习惯。所以我的“小动作”可以冠冕堂皇地去做。

我想过，除了遗传基因，从小培养的读书习惯，无疑促成了女儿身上文学细胞的自我生长。

我小的时候，读书太少，可以说没读过课本以外的什么书，因为当时没有什么书可以读。我记忆中最好的书，是《钢铁是怎样炼成的》，后来也没有了。连《红岩》《欧阳海之歌》都没有了，只剩下《金光大道》。

小学六年级时，我去父亲的办公室兼住处收拾东西。当时父亲已被关进“牛棚”数月，他在县政府大院的唯一栖身之所也要予以清除。我赶到时，父亲的房门开着。一尺多高的书籍刊物堆在地上，满满一屋子，没有下脚的地方。无数本精装书被撕去了封皮，我随手捡起几本翻了翻，《红楼梦》《三国志》《资治通鉴》《康熙字典》，我一本都没听说过。除了满地的书，父亲的其他物品早已不知去向。我什么都没有拿就离开了。

很多年过后，我最追悔莫及的就是没有把那些书拿走，哪怕拿走一两本。我为我的愚昧后悔不已。

下乡的时候，一位高干子弟同学搞到一套《静静的顿河》，让我眼界大开，知道世界上还有这种文学瑰宝。我缠着他借阅了十几本这一类的当时的书，对阅读的追求逐渐上升为一种热爱。但是直到上了大学，我才真正有机会大量接触到各国名著。如饥似渴，都不足以用来形容当时我的阅读状态。

当年书有多么稀缺？我的大学室友，出生在贫困山区，上大学前的唯一读物是一本袖珍本《新华字典》，让他翻得没了前后数页，他由此得名“活字典”。

我的最快阅读纪录，是在一个星期的课余时间读完三卷本的《约翰·克利斯朵夫》，另外两本外国名著，外加满满两本的名句摘抄。因为当时这套名著还没出新版，我的同学因有本校子弟的特权才搞到图书馆珍藏的旧版精本，限时归还。那几日我读得天昏地暗，头晕恶心吃不下饭。毕业前夕，我的同班大姐知道我爱书如命，把她父亲保存近三十年的一套内附精美插图的老版《安娜·卡列尼娜》（已不见了封皮和十数张书页）重新装裱，送给我作为临别赠礼。

读书是妻子与我的共同爱好。每次我回中国，她唯一交代要我采购的商品就是书，我返美归来时箱子里一多半空间装的都是书。耳濡目染下，女儿自小就养成手不释卷的好习惯。

一开始我给女儿开列书单，大多是当年我读过的世界名著。她年纪小，我会让她读儿童版的。那些名著她有的喜欢，有的不喜欢。后来我意识到，当年我读的那些名著，有很大的局限性，而且很多内容对女儿那个年龄来说过于沉重。读书不光是为了培养孩子的思考能力和观察能力，帮助孩子确立世界观、价值观和人生观，也要丰富他们的想象力甚至天马行空、穿越时空的梦幻能力；不光要从经典中汲取历史，更要与时代脉动一致。我放开让她自己去选择她喜欢的书，于是，“哈利·波特”系列、“暮光之城”系列……就摆满了她的小书架。

从女儿会说话起，我们就要求她在家讲普通话，因为我听说过说双语的孩子大脑发育更好。等女儿上了学，我又听说移民第二代在家说母语不利于孩子掌握足够的英文词汇、俚语和正确的语法，影响他们包括写作在内的英文表达能力。可是，女儿的英文写作成绩向来优秀，她拥有超出自己年龄的词汇量，遣词造句得心应手。小学的时候，每学期都有学生阅读能力测评，女儿的评级总是高过正常年龄组。这无疑是她平日阅读累积的成果。大学申请时，亚裔学生被拒最常见的原因之一就是 SAT 考试的批判阅读分数太低。数学 800 分对亚裔学生来说不算什么，但获得批判阅读高分的亚裔学生却不多。而女儿 SAT 的批判阅读得了 760 分，作文更是得了 800 满分。

上了高中，繁重的作业和没有喘息机会的各种练习、课外活动，让女儿几乎挤不出大块儿阅读时间。我不希望断了她的文学营养，就集中暑假的时间让她多读书。女儿放假的第一件事，就是跟我们一起去 Barnes & Noble 书店（美国最大的实体书店）选书，她会在书架上找出一堆小说和诗集，坐在书店的地板上一本本翻看，精挑细选。我和妻子会坐在店内的星巴克喝着咖啡等着女儿，女儿在那儿一坐就是半天，然后怀着满心喜悦拎着一大袋书满载而归。

在亨特高中选第二语言课程时，面临西班牙语、法语、拉丁语等多种选择，前两种语言都具实用性，女儿偏偏选了拉丁语。我不明白她为什么要选这种早已没人在使用的古老语言。我所知道的，只是药物的名字很多是拉丁文。女儿说过她不愿意做医生的。女儿解释说，现代欧洲语言很多都是由拉丁语演化而来的。就算跟拉丁语不属于同一语系的英语，也有近 30% 的词汇来自拉丁语。学了拉丁语，再想学法语、西班牙语会非常容易。而且老师说，学习拉丁语有助于开发大脑，提高逻辑思维能力。

妻子倒是欣然同意了。我还是有点儿好奇。她们俩入睡后，我开始上网搜索有关拉丁语方面的知识。我发现女儿说得没错。在美国，顶级的私立高中都开设有拉丁语课程，在波士顿有一所最出名的私立高中干脆名字就叫拉丁高中，而公立高中只有像亨特这样极少数的精英高中才有拉丁语课。看来一般学生想学拉丁语还不是件容易的事儿。

高中毕业到了大学，拉丁语有什么用？医学、生物学、化学、建筑学，都少不了拉丁语。疆域辽阔的罗马帝国和它漫长的统治时期，使整个西方文明史都被拉丁语打上无法抹灭的烙印，直到 17 世纪，许多科学著述还以拉丁文写就，还有法律。但是大学与拉丁语关系最直接的是古典学，也就是研究古希腊和古罗马的学科。当然拉丁语跟纯文学研究也有必然联系，从乔叟到莎士比亚都从拉丁语中汲取了大量优美的词汇并予以升华。据说现在中国顶尖大学的中文系也已开设了拉丁语课程。

不知道女儿的意识中是否清楚将来她打算用拉丁语帮助自己干什么，是STEM，还是文学？

在某种意义上，那些持亨特高中更重英语教学偏见的家长说得也没错，亨特英语教学之优秀的确具有悠久的传统，其特点是尤为注重学生的写作训练。几任博学的英语老师用他们丰富的学识和经验、严格的要求和训练，让女儿的写作潜能得到充分发挥，写作技巧日臻成熟，羽翼渐丰。而作为第二语言的拉丁语课程，润物无声，帮助女儿在英语写作时遣词造句更加丰富生动。

女儿每年都会参加验证自己拉丁语学习程度的国家拉丁语写作考试，并连续三年获得金奖。如果四次获得金奖，会得到一部昂贵的精装本《牛津古典大辞典》作为奖励。但女儿在第四年却只得了银奖，不免有些失望。第五年，她终于如愿以偿拿到第四个金奖。当那部1600页厚重的精美辞典寄到家里时，她捧在手上，一页页小心翼翼地翻看，爱不释手。

可是我从未听女儿提起过有什么英语写作比赛，直到有一天，她看似无意地说到她的一个喜欢文学和戏剧的好朋友，去年写的一篇文章在一个比赛中获了奖。

细问下去，原来，美国每年都有高中生英文写作比赛，最有名的是学乐艺术和写作大赛。这个赛事先要参加州一级的比赛，获州金奖的，才有资格参加全国比赛。夺得全国比赛的金奖非常不容易，那是一份令全美数百万高中生渴望、羡慕的殊荣。

她的那个朋友已经参加了几届，只是还从没有拿到过全国比赛奖牌。

妻子问："你的写作那么好，你又那么喜欢写，怎么没听说你参加写作比赛？"

女儿面带疑惑，看了我一眼，低语道："你不是吵爸爸说，当作家……"

"那是两码事！"妻子停顿了一下，又补上一句，"参加个写作比赛又不是让你当作家。"

我趁机向女儿煽火道："今年你要不要报名参加？"

女儿说："我当然想了！"

当得知今年的比赛截稿日期已近，妻子施施然说："那你还不赶快写！"

写东西这种事儿，哪是说写就能写出来的？

女儿却胸有成竹地说："不在话下！"

难道她的脑海里早就藏着无数个小精灵一样的创作灵感，随时都可以飞出来？女儿这才说，其实平时她经常写些小东西，存储在她的电脑里。她会找出最好的几篇文稿，稍加润色。当然，也许她会有新的灵感。

我的宝贝女儿，我果然没有看走眼！

过了些日子，这件事似乎已被大家忘了。忽然有一天，妻子问女儿："你的参赛作品寄出去了吗？"

女儿脸红了：“还没有……”

“为什么还不寄？”

女儿好像从妻子责备的语气中感受到了鼓励，她脸上闪过一丝调皮的微笑，却装作一本正经地问：“你真的在乎我参不参加这个写作比赛？”

“那还用问！”妻子提高嗓门儿说，“你喜爱的东西哪一个我不在乎，哪一个我不支持了？”

妻子接着追问：“收件截止日期是什么时候？”

“后天。”

“后天？”明天是周末，哪儿还来得及！妻子几乎晕过去。

我有点纳闷儿，这事儿妻子怎么比我和女儿还上心！

一阵狂风暴雨后，妻子冷静下来，问：“组委会的地址在哪里？”

女儿查了一下，组委会的邮寄收件地址就在曼哈顿。只是不确定周末组委会会不会有人办公。

妻子转向我，举起手下了指令：明天一早，什么都别干，开车带女儿直奔组委会的收件地址！

妻子英明！大楼的接待处代收下了女儿的参赛作品。

纽约州赛区的评选结果揭晓了，女儿三篇作品斩获一金一银。获得州一级金奖的作品，会被自动呈送参加全国一级的评审。

“全国金奖！妈妈，我得了学乐艺术和写作比赛全国金奖！”

比赛结果公布那天，女儿迫不及待地从学校打电话将喜讯告诉我们。

比赛组委会在卡内基音乐厅举行了隆重的全国颁奖仪式。当天晚上，纽约帝国大厦顶端的尖塔，特意亮起了金色灯光，向比赛的获奖者致贺！

直到去年我才在无意中得知，学乐艺术和写作比赛全国金奖在大学申请中，是具有极高含金量的重要加分奖项。

几天后，妻子没头没脑地来了一句："其实女儿将来当个大学英语老师也不错！"

女儿的那个金奖作品，是一首诗，还是写她习琴所感。题目叫：不完美——我的奏鸣曲。不料想，学钢琴还可以成为女儿写作的无尽灵感之源。

“我要参加辩论队”

*

初到亨特高中的头两年，我们注意到，女儿的期末成绩报告单上几个主要课程分数栏的细分项里，“课堂参与”一项总是打分偏低。“课堂参与”意思就是课堂发言。如果不是受这一项拖累，女儿应该多几个 A+ 的。

我们坐下来跟女儿讨论这个问题。美国老师非常强调课堂参与的重要性，课堂发言的多少直接影响该科成绩。美国人从小学起就在课堂发言中锻炼口才和胆量，所以我们在美国电视新闻节目里经常看到，记者随便把话筒对向什么人，不分男女老幼，士农工商，都能像参加竞选演讲的政客一样口若悬河，滔滔不绝。我知道女儿生性胆小、羞怯，从小学开始，我们就鼓励她积极参与课堂发言，有意识锻炼她克服这个弱点。

看来，女儿还是缺少一点儿在大庭广众面前踊跃表现自己的勇气。踊跃，应该是“勇”跃。

尽管在那之后，女儿的课堂表现明显有所改善，可是我总觉得她的进步后面，是我们一双无形的手在推动。可以想象女儿在课堂上每一次举起手，都要纠结半天。

九年级开学第一天回到家，女儿跟我们说，她要参加学校的演讲辩论代表队。

我从来没有想过女儿会参加辩论队。

演讲辩论队是美国高中最受欢迎的社团之一，也是学校最高等级的社团之一。近几年中国的很多高中也流行起辩论队，也有了全国高中美式辩论比赛。辩论比赛除了培养学生的批判思维、逻辑推理等思辨能力，训练快速敏捷的反应能力、口头表达能力和读取信息能力等大脑功能，学会尊重、礼貌、守时、团队合作精神，还能锻炼他们的勇敢、胆量和不畏强敌、冷静以对的强大心理抗压能力。优秀的高中生都把参加辩论比赛视作对自己全面能力的最大挑战。

何况，女儿要参加的是林肯－道格拉斯辩论，是一种一对一的激辩形式。身边连个壮胆、配合的队友都没有！

让自己接受这样的挑战，对女儿来说，是绝非一般的勇敢！

我明白，女儿要挑战的是自己的胆量和抗压能力。我们不愿女儿以这种极端的方式逼迫自己去做力不能及的事，但女儿似乎很坚定。

从此，她开始每周几次参加辩论队的训练，回到家里，反复锻炼自己讲话的语速，因为辩论比赛要求每个人必须在五分钟内作完基本陈述，互辩环节也都有严格的时间限制。为了使自己的舌头更灵活，她用牙咬着一根筷子，呜里哇啦地说个不停。她还对着洗手间的镜子，练习如何用准确的表情和肢体动作配合语言表达。

即便这样，我也不相信女儿有胆站在辩论台上。

几个月后，女儿证明了她的勇敢。

那次校际辩论比赛是在东 84 街的私立男子高中瑞吉斯高中进行的，由下午一直到晚上九点。我去接女儿，比约定的时间早到了半个小时，街边正好有一个停车位，我停好车，走进灯影婆娑中。瑞吉斯高中哥特风格的灰色大理石建筑在夜色中显得冷峻威严。贵族学校！我在好奇心驱使下，推开了瑞吉斯高大厚重的橡木大门。两层楼高的大厅天花板中间，悬着一盏硕大的水晶吊灯，璀璨夺目。一位教师模样的女士热情地领我沿着大理石台阶上到二楼，告诉我比赛延长了一个小时，让我自便。

我沿着走廊漫步前行，从走廊的窗口，可以望见天井小院对面几米外教室的窗口。女儿的身影突然出现在其中一间教室明亮的灯光下，侧身站定。一场辩论要开始了。我紧张得心脏突突直跳，不知道是为自己还是为女儿。女儿穿着白衬衣黑短裙，看起来一下子成熟了许多。她红着脸，略显僵硬地微笑着，直视对面（对面应该是裁判，被墙壁挡住无法看到）。被她身体挡了一半的是一位西装笔挺的小男生——她的瑞吉斯对手。女儿微微点了点头，开始了正方立论陈述。我听不到她的声音，只见她的小嘴唇快速张合，好像连换气的停顿都没有。渐渐地，她不再紧张，脸颊变回粉红色，微笑中透着自信。到了交叉对辩环节，她的表情时而轻松，时而严肃，有一会儿还显得有点儿激烈。她的气势明显压过了那个男孩儿。

我完全被震撼了！这是我那个胆小羞怯的女儿吗？

又过了几个星期，我亲自充当了一次辩论比赛的裁判，现场感受了比赛的激烈气氛，感慨更深。

辩论比赛的题目，通常是当下社会最热门的争议性政治话题，涉及国家的经济、外交、环保政策以及种族歧视问题、战争等议题。辩手们要从哲学、政治、意识形态等层面探讨问题，进行大量的资料搜集和深入研究，旁征博引，以使己方的论点严谨缜密、论据充足。由于比赛以现场抽签的方式确定谁为正方谁为反方，所以每个辩论队必须同时准备正反两套材料。这不但要求辩手掌握支持正反两种观点的相关知识背景，还要在正反两面进行深度分析和推论，确保无论攻守都能立于不败之地。辩手要练就瞬间反应的能力，随时抓住对方论点的漏洞予以批驳，出奇制胜；或及时避开己方的不利论点，甚至将对方的论点作为己方的武器展开进攻，所谓以子之矛，攻子之盾。这也正是辩论比赛的魅力所在。

校际间比赛的裁判，很多是由家长组成。我因为不知深浅，就答应女儿让她替我报名当一次裁判。到了比赛现场，看到那么多参赛选手、那么大的阵势，我都蒙了。好在新手家长裁判都被分在初级组，我的打分只占选手评分的几分之一，对选手不具生杀利害。

这也是一场林肯－道格拉斯式的辩论比赛，站在我面前的一对辩手是两个稚气未脱的男生。尚未开辩，似乎胜负已决。反方的小伙子在气势上明显弱于正方，而且感觉当时他有点儿不在状态，脸部表情看不出是生了气还是受了气。他们俩两倍于常人的语速，让我只能听懂（或理解）大概，这还是亏得事先女儿帮我做足了功课。说实话，像听两个人吵架一样，公理婆理都还挑不出什么明显破绽，只是正方男生攻势凌厉，反方男生只有招架之力，对辩时还有点儿结巴。尽管两个人对我这个裁判都很有礼貌，但我还是觉得两个家伙欠缺点儿绅士风度。正方绷得像法庭上的检察官，反方大部分时间眼睛看向地板，自始至终两人一点儿微笑都没有。他们都太紧张了。我不禁暗自在心中拿他们与女儿相比，对女儿的勇气更加刮目相看。

自此我再没有担任过辩论赛裁判。不只是因为我的英语水平，和那些高中生辩手就论题所掌握的知识深度相比，我实在没有资格评判他们。

为了系统地提高自己的辩论水平，女儿报名参加了 VBI 的加州大学洛杉矶分校辩论夏令营。尽管夏令营主办方说有人和巴士在洛杉矶机场接机，妻子仍不放心让 15 岁的女儿“独自”飞到西海岸，决定由我陪着女儿飞过去。为“独自”加引号是因为另有一男一女两个辩论队的同学与女儿同行，不过他们的家长只把他们送到纽约肯尼迪机场。为了不让女儿显得不够独立，我跟两对家长说碰巧自己要飞去洛杉矶见客户。从两对家长对我的谢意和热情，我看出来其实他们对于我能与孩子们同行，颇感欣慰。

下了飞机，VBI 的志愿人员果然已经等在行李提取处。三个孩子跟我道了声“再见”就上了人家的车。望着绝尘而去的巴士，我一时想不起来自己为什么来到洛杉矶。

我一个人讪讪地到了酒店，心里还是不太踏实，就租了辆车开往加州大学洛杉矶分校，在花园似的校区转了几圈，看到一群群身着印有 VBI 标识 T 恤的中学生，一个个在跟新结识的朋友谈笑风生，我才算放了心。

在飞回纽约的班机上，我陷入了沉思。我花了两天时间，横贯东西两岸来回飞了几千公里，为的就是陪伴女儿从机舱门出来走这几百米，就是为了确认一下夏令营真实存在、环境安全？我们一边教育我们的孩子要勇敢、自强、独立，一边又过度保护，不愿放手。两边都是出于对他们的爱。也许只有做父母的才会有这样的纠结。在我们眼里，他们永远都是孩子。可是他们总会长大，总有一天他们要自己面对生活，面对这个纷扰的世界，面对瞬息万变的信息时代。

精英体制下日趋激烈的竞争，造就了我们这种焦虑的父母。我们不断提高的期望，让孩子受到了前所未有的锻造磨砺。辩论队的一轮轮唇枪舌剑，一场场无情厮杀，让女儿思考问题更加深刻、才思更加敏捷，让她练就了美国孩子的伶牙俐齿，更让她的性格发生了巨大变化。

回想起来，女儿决定重拾钢琴、参加辩论队甚至无功而退的长曲棍球尝试都在证明，不断挑战自我已经变成她的自觉行为，追求卓越已经成为她生命的一部分。她不再仅仅是在父母的指点下亦步亦趋。她不再胆怯，她敢于尝试，勇于坚持，在困难面前决不退缩，在压力之下冷静沉稳。她目光坚定，她身上有一种力量，散发出满满的自信！

然而，辩论场上近乎残酷无情的攻击、孩子们十数年的艰苦跋涉、他们所经历的脱胎换骨般的磨砺，却不是我们为人父母的初衷。我们必须明白，那是我们要孩子们成功所必须付出的代价。

一个好的老师，教给你的不只是知识

*

一所好的学校、一个好的老师，除了给孩子们传授知识，更可贵的是教会孩子们学会学习，教他们自律、刻苦、独立思考、善于计划、勇于挑战、持之以恒。有时候，老师的一节课、一件事甚至一句话，就会影响到学生的学习方法、求知态度甚至学习方向。名校之所以成为名校，就是因为汇聚了一个优秀的教师团队。

在跟女儿交谈中，我发现课堂发言不积极的问题普遍存在于亚裔尤其是华裔学生中。我前面提到的胆小是一个原因，华人家长对孩子从小的教育、中国传统文化思想的影响，也是一个重要的因素。自古以来，谦虚是中华美德，我们自小不论在家还是在学校受的教育都是要谦虚谨慎，戒骄戒躁，低调内敛，还要中庸守道。我们也是这样教导女儿的，要谦逊，要尊重师长，等等。可是美国是一个个人主义至上的社会，鼓励自我表现，甚至挑战权威，包括挑战老师。这种文化的差异在美国孩子与华人第二代身上体现得尤为明显。美国孩子普遍课堂发言踊跃，不管答案正确不正确。有的学生甚至只是为了挑战老师的说法而发言，即便如此，老师也鼓励每个学生参与。这便是“课堂参与”这个词的来由，也是其意义所在。

女儿在亨特高中七八年级的时候，身边朋友多是华人孩子，他们比较安静内向，课堂上很少发言。女儿受他们影响加上自身性格，课堂上也很少举手。后来在我们的督促下，又经过辩论队的锻炼，课堂发言大有进步。唯独在我看来她最喜爱的英文课，她的课堂发言还是弱项。到了 M 女士任课的第一学期结束时，女儿成绩单上英文课的“课堂参与”一项竟是 B。如果不是因为这个 B，她的英文成绩应该是 A+。

在我们对女儿兴师问罪时，她辩解说她觉得有的同学的发言“很幼稚”，她不愿“驳”别人的“面子”；有的同学抢着发言是为了“表现自己”，她“懒得”跟他们争。而她每次的发言都得到老师的好评，她不想总是“出风头”。至于 M 女士，女儿说，她有几次举手，M 女士从不叫她。唯一叫了她一次，却指着女儿，叫了另外一个韩裔女孩儿的名字，引起同学们一阵哄笑。

女儿说，美国人分辨不清亚洲人的面貌，M 女士本身是华人，怎么也会张冠李戴！女儿认为 M 女士根本就不重视自己，从此，她再也没有在 M 女士的课上举过一次手。

借着一对一的老师和家长见面会的机会，我们鼓励女儿跟 M 女士好好沟通。M 女士是女儿亨特高中校友，大学上的是耶鲁。她十分虚心地接受了凯特的抱怨，承认是自己的无心之失。

她说其实她非常欣赏凯特作文的文采，对她印象深刻。同时，M女士批评了凯特对课堂积极发言的那些错误想法。她说她当年在亨特上高中时也存在跟凯特几乎一模一样的问题，是亨特的老师帮她克服了这个问题，使她在英文课堂的参与过程中，愈发加深了对英文课的兴趣和喜爱，最终促使她在大学选择英文作为自己的专业方向。她承诺她会重点帮助凯特积极参与课堂发言，还开玩笑说，她会“逼”着凯特去做，哪怕凯特不举手，也会点名让她发言。

M女士任课的第二个学期，女儿英文课的“课堂参与”成了A。此后直到女儿高中毕业，她所有科目的“课堂参与”全都是A。

过去，由于女儿接触的都是欧洲和美国文学作品，尽管我给她多次讲过中国具有灿烂的古代文化、拥有辉煌的文学史，产生过无数的大作家和文学名著，但她似乎总是听听而已，她去书店买书从未挑选过华人作家的作品，亚裔作家的作品她也从未碰过。

十二年级的英文课，讲的恰是亚洲和亚裔文学作品，一下子为女儿打开了一扇了解亚洲及亚裔文化的窗口，女儿很快就被亚洲及亚裔作家完全不同的写作风格和叙事内容吸引。每个星期，她都会兴致勃勃地跟我讲述她所学到的亚洲作家或亚裔美国作家的作品。如果正好是我读过的书，像谭恩美的《喜福会》，我们俩还会讨论书中的某段情节，也会就某个美妙的用词或生动的描述，对比中文和英文各自表现的精准性和些微差异。她逐渐感受到了亚洲文学尤其是中国文学的博大精深，感受到了那种完全不同于欧美文学的美。现在，亚洲作家及亚裔作家的作品占了女儿阅读书目相当大的比重。这个暑假，我和女儿有好几顿饭的时间都在讨论阿富汗裔美国作家卡勒德·胡赛尼的作品。当然，女儿读的是英文版，我读的是中文版。

女儿对亚洲文学的喜爱，还让她有兴趣在哈佛选修了中国古代哲学史课程。她还说要选修一门中国文学课程。

高中十一年级开学伊始，当女儿得知本学年有一门经济课时，皱起眉头噘起了嘴。她从高年级的朋友那里听说这是一门最“无趣”的课程，她说她最不感兴趣的课恐怕就是经济课。我不知道美国高中的经济课学些什么，我只记得我在大学里上的政治经济学的确沉闷无比。

然而几节课下来，女儿对经济课的态度有了很大改观。很大功劳在于她的经济课老师C夫人。这位经济课老师年轻时曾在华尔街征战多年，是那个年代为数不多的华尔街金融女精英。她结合自己当年的实战经验和丰富经历，把抽象乏味的经济课讲得硝烟弥漫，动人心魄。

当然，她也不忘告诫自己的学生，华尔街充满了尔虞我诈，弱肉强食。虽说待遇优渥，人们挥金如土，但时刻面临着血雨腥风，顷刻间会有人血本无归。在那里上班每天工作长达十几个小时，没有周末，没有家庭生活，甚至没有时间交朋友。华尔街尤其不适合女性。她就是受不了那种生活长年的折磨才离开的。她给学生们讲述了她早年亲身经历过的一场金融危机。

有一天，C 夫人到公司门外的大街上抽烟。当时的华尔街风声鹤唳，操盘手们心惊肉跳。她已经连续几天每天只能睡三四个小时，筋疲力尽。她接连抽了几支烟。这时，一位男士走过来向她借火。她用打火机帮那位先生点上烟，那位男士深深吸了一口，身子却猛地朝她倒来，燃烧的烟头撞上她的头发，吓得她惊叫着跳向一边。男士站稳了脚步，抱歉地说："对不起，我有点儿晕。你知道吗，就在刚才，我亲自经手的一笔交易，不见了一千万美元！"

然而，也正是C夫人，引起了凯特对经济课愈来愈浓的兴趣，无意间在凯特心中埋下了日后挑战华尔街职场的种子。

著名经济学家李稻葵先生不久前的一篇博文，讲到他在哈佛大学任教时，有一位漂亮的犹太女孩儿，整天化着精致的妆容在实验室转悠，逢人就问各种各样的问题，一副懵懂无知的样子。有的问题在很多人看来十分浅显，不免对她暗自轻看。而她对别人异样的眼光好像毫不在意，该问照问，还大大咧咧地让人教她往计算机里插硬盘（她自己显然不知道如何插硬盘）。很多年以后，李稻葵先生在电视画面上又看到了这个女孩儿，此时她的身份已是脸书首席运营官，她的名字叫雪莉·桑德伯格。

而不懂装懂恰恰是很多聪明孩子容易犯的一个错误。在众人眼里，你是班里的第一、第二，科科 100 分，什么难题怪题对你来说都应该是小菜一碟。不管崇拜、羡慕还是嫉妒，大家看你的眼神就是不一样。当你真的碰到不懂的东西，骄傲和虚荣心使你耻于开口求教于他人。其后果，轻则拉低分数，重则越陷越深，整科挂掉。

在亨特高中，由于每个人的成绩都是不公开的，“聪明”的学生更容易给人无所不能的假象，虚荣心让这些学生更不愿打破这种假象。我们经常敲打女儿，一定不能讲虚荣，有不懂的地方一定问老师问同学。十年级的时候，在很多同学眼里女儿已经位列“学霸”级别，甚至有同学开始叫她“哈佛女孩儿”。她嘴上说很烦听别人这样叫，但心里也许美滋滋的。我们告诫她不能为这个虚名害了自己，越是在这种时候更要敢于不耻下问。我还特意给她解释，“下问”就是向不如自己的人求教。不要在乎别人会怎么看你，扎扎实实地学到知识比什么都重要。

尽管我们一再告诫，女儿还是差点儿被不懂装懂的虚荣心所害。因为她的数学跳了一级，给同学们留下了数学尖子的印象。加之数学课的同学都是比她高一年级的，她遇到不懂的问题更难以向他们启齿发问，只好自己花费大量时间一点一点地死抠，绞尽脑汁，精疲力竭。

真正促使她克服这个缺点的是她的物理老师 K 先生。

有一段时间，女儿对物理课的一些概念和公式不能完全理解，考试出现了错题。即便如此，在同学心目中，女儿的物理成绩也是第一或第二。越是这样，她越不敢拉下脸面向别人求教。K 先生非常懂得这些“聪明”学生的小心思，他在反复鼓励学生课上课下找他问问题的同时，想出一个激励办法：每次考试或测验的成绩发还给学生之后，允许出错者有一次改正的机会。如果你改正后的答案对了，会补偿给你失去分数的三分之一。不要小瞧这三分之一的补分，有时候它就能决定你是拿 A- 还是 B+。他的目的就是利用好学生希望取得更好成绩的心理，激励他们找老师或是找比自己更优秀的同学，把不懂的问题弄懂，真正掌握这个原理或公式。

你若想拿回这几分，就得去问别人。有一次考试，女儿只差一分就可以拿 A 了，因为这一分落到 A-，太可惜，太不甘心，她太需要这一分了！她下定决心，找老师。可是，每一次走近办公室，老师都在给同学解答问题，还有几个同学等在门外。如果她也过去等，那些同学会想，哦，原来凯特也没得 100 分！还以为她每次都是 100 分呢！女儿假装从那里路过，绕了一圈走回教室。

女儿知道班上有一个真正的物理第一名，一个骄傲的白人男生，骄傲到了孤傲的地步，同学们几乎没有人跟他说话。她十分纠结，最后还是逼着自己硬着头皮去找这个男同学。她心里犯着嘀咕，自己开了口，他会怎么样？冷笑一声，转身而去，还是借机奚落自己一顿？

出乎她的意料，那位男生不但没有使她难堪，好像还对女儿找他求教有点儿受宠若惊。他赤红着脸认真解答了女儿的问题，临别还附上一句：有问题欢迎随时找我切磋。

顿开茅塞的畅快，对比不懂装懂的窘迫，女儿告诫自己再也不要犯这种愚蠢的错误。从这件事，女儿还意外地领悟到，有的人并不是像表面看上去那么冷漠，那么拒人于千里之外。激烈竞争的环境中，也不是每个人都那么狭隘地把别人当成对手，还是有人愿意真诚帮助你的。

了解孩子：扬长避短，将优势发挥到极致

*

从动念头写这本书起，我就确定我只是想把我们陪伴女儿从出生到高中毕业走过的路记述下来。有朋友让我写一些女儿的成功“秘诀”和我们的教育“良方”，可我不是教育专家，也没有读过多少有关教育的专著，甚至连成功学、心灵鸡汤之类的书都没怎么看过，一路走来，懵懵懂懂，磕磕绊绊，实在讲不出什么条条道道，最多只能聊一点儿心得。这些心得我觉得也只适用于我们这个家庭。我求助于女儿，请她谈谈自己的学习方法和成功经验。女儿认真想了想，突然哈哈大笑起来，说：“还是算了吧！我想说的每一条，都是老生常谈！”

的确，说起来都是老生常谈，包括所谓的“一百个成功秘籍”“一千个学习方法”都是。每一个孩子都是独特的，所以就像我在谈舵手与桨手的关系时说的那样，最重要的就是要了解自己的孩子，因人制宜。再加上一句：也要了解自己。每一个家庭都是不同的，每一个家长也是不同的。

学校再好，老师再好，也不可能针对每一个学生的特点制订个性化的教学方案。俗话说“师傅领进门，修行靠个人”。家长

要做的，就是配合学校和老师落实这些东西，督促孩子把它们变成自己的习惯，成为自身的品质。要做到这些，除了每天重复那些枯燥琐碎的事情，更重要的是要知道自己的孩子有什么优势，有什么弱点缺点，在哪些地方能取得突破性成就，在哪些方面需要特别努力。如果你本身是教师或是专业人士当然最好，你的专业知识、资讯和资源优势会帮到你。不过即便你不是也不要紧，教育孩子不一定需要高深的学问。只要你有满满的朴素的爱，只要用心，也能弥补专业素养的缺失。饭桌上某个学习问题的讨论，母女俩窝在床头关于朋友的闲聊，甚至每个周末为孩子的运动训练或钢琴课当专职司机，都在无形中累积着子女的教育资产。当然，随着孩子的成长，父母也要不断提升自己的眼界，才能一路给孩子提供有营养的陪伴。某种意义上，培养孩子的过程，也是我们自己学习提高的过程。

女儿上幼儿园的时候一个老师说过，我女儿是个过于敏感的孩子，这样的孩子聪明，但也容易在挫折面前受到伤害。一直以来，担心精英教育的巨大压力会对女儿造成身体和心理的负面影响，是我们最大的隐忧。如今，看着女儿自信满满的样子，我对她的蜕变仍然感到不可思议。她是如何练就了一副坚不可摧的强大盔甲，来保护自己看起来那么柔弱的身心？前些天我看到了一篇五年前的研究文章，似乎得到了一个比较科学的答案。

文章的标题是《胜利者：输赢的学问》，作者是波·布朗森和艾什莉·梅里曼。他们发现，同在一个资优班的一对双胞胎兄弟，一个在考试前一个月便紧张得寝食难安，躲在母亲怀里哭泣，恐慌得好像世界末日来临一样，另一个却像没事人一样，没有丝毫恐惧，该吃吃该玩玩，好似胜券在握。为什么不同的人面对压力时的反应会有这么大的差异？为什么有人在压力面前崩溃，有人反而在压力下表现更好？研究者们认为，除了生长环境等外在因素的影响，从遗传学的角度，有一种叫 COMT（儿茶酚 -O- 甲基转移酶）的基因起着至关重要的作用。这种基因带有的一种酶会清除大脑前额皮质的多巴胺。前额皮质是主管我们做计划、做决定、期待未来结果以及解决冲突的区域。多巴胺会改变神经元的触发率，像涡轮增压器一样使大脑加速运行。当多巴胺处于一个理想水平，我们的大脑会达到最佳的工作状态，太多或太少都不行。问题在于：有两种不同的基因，一种能够产生缓慢移除多巴胺的酶，而另一种产生快速清除多巴胺的酶。我们每个人都带有这两种基因之一，或者是两种基因的组合。两种基因各具优势和劣势。在正常条件下，那些“慢作用酶”具有认知优势。它们有优秀的执行功能以及该功能所需要的一切能力：它们能够推论、解决问题、编排复杂的思维，以及更好地预见后果。它们更加专注。拥有“慢作用酶”的人的平均智商更高。但处在压力之下时，这一优势就会消失甚至逆转。平时表现优异的人，在压力环境下却会表现失常。而另一种天生具有“快作用酶”的人反而在压力下才能发挥最佳水平。对于他们来说，日常环境太平庸了，不足以使他们兴奋到能激发大脑的敏锐性，所以平时表现出慵懒、不够专注。如果没有竞争目标，这些人就失去了方向感。在巨大压力面前，他们处于兴奋状态，得益于激增的多巴胺，他们极大地提升了专注力和解决问题的能力，甚至超常发挥，取得比平时学习优秀的学生更好的考试成绩。

好消息是，不管我们身上具有的是两种基因中的哪一种或是同时具有两种，通过后天的训练，都能促使它们向优势方向改变。对那些抗压能力弱的孩子来说，适当的压力训练会提升他们的抗压能力，在压力下正常发挥自己平时所具备的优势。

虽然美国精英学校也有没完没了的期考、中考、小测验，大学录取也要看 SAT（学业能力倾向测验）或 ACT（美国高等院校考试）成绩，但这些考试压力相对较为分散，有助于循序渐进地培养孩子的抗压能力。而最有益的抗压锻炼，来自那些不太具有决定前途和命运同时具有挑战性的课堂外竞赛项目。

研究认为，标准化考试面临的压力跟竞争性比赛的压力是不同的。拼写大赛、科技比赛、国际象棋小组赛这类当众展示是非常激发斗志的，即使一个孩子知道他的科学项目不能赢得科技博览会的冠军，他也知道有展示自己才能的机会。无论在展示的那一刻是紧张的、振奋的，还是恐惧的，如果这个孩子能够处理好，那一刻就是胜利，就会对他产生持续激励作用。这样的竞争当然有压力，但是这种压力的起伏是可预测的，其中也会有乐趣和刺激。久而久之，原本抗压能力弱的孩子获得了他们需要的渐进压力免疫，以至于有一天他们不仅能够承受压力，而且是欣然接受，将这种应对压力的技能根植于心，成为他们根深蒂固的信念。

我的女儿显然属于同时具有这两种基因的类型。平时，她的学习专注力比较强，自觉、认真完成作业。考试时也能镇定自如，只要是平时掌握的或复习到的东西，一股脑儿都倒出来，不会因为紧张而卡壳。我上学那会儿，有老师形容考场上的这种现象叫“竹筒倒豆子”。对，我当时就属于这类学生。

同时具有两种基因的优势，也必然会有两种基因的劣势。一方面，具备考场优势使她不像只具有“慢作用酶”基因的孩子那样强大的静态认知优势，足够聪明也让她少了份刻苦，容易满足于“一般优秀”；另一方面，她又不像只具有“快作用酶”的孩子那样勇于表现、渴望竞争，胆小使她在压力面前更容易退缩不前。从这种观点来看，女儿课堂发言不积极，除了胆小，她所说的“懒”也解释得通了——她觉得发言的同学太平庸，激不起她参与讨论的兴奋和挑战他人的动力，不值得让她给自己制造额外的压力。

对于这种孩子，父母要做的就是如何平衡孩子身上两种基因的作用，扬长避短，让两种基因在该发挥各自作用的时候，把其优势发挥到极致。

其实在还没读到这篇文章的很久以前我就注意到了女儿这些问题，只不过我不懂得什么叫“快作用酶”“慢作用酶”。我只是清楚地了解我自己，知道自己就是这样一类人，因此格外留意女儿会不会继承了我的这些基因。

我上学的时候，成绩一向优秀，基本上没出过班里的前三名。除了考试，平时没有什么其他具有竞争性的表现自己的机会，缺乏挑战更好的动力。而我在考场上的“竹筒倒豆子”，又让自己满足于平日所学课程的内容，而疏于探索更多更深的知识。我把这总结为“小聪明”，实则是“聪明反被聪明误”，最终流于平庸。

在美国，如果一个孩子考试拿了A，美国父母认为是孩子聪明，亚裔父母认为是孩子用功。我更认同是聪明和用功之和。某种意义上，后天勤奋比天资聪颖更能让一个人成功。我在我的几个大学同学身上看到了活生生的例子。我当时认为我的班长不如我聪明，可是他远比我勤奋努力几倍。刚入校时他是公认的帅哥美男，是无数女生心中暗恋的白马王子。长年累月的超时学习，毕业时他已是头发稀疏眉凋落，原本漂亮的双眼皮变成了“三眼皮”。他身边经常有两个“影子”，一个是邻班的女同学——他的女朋友，另一个是我们班的一位男同学——他的室友。经常看到的画面是，空旷的阶梯教室里，只剩下三个人：我这位伏案学习的班长，他身旁伏案睡着的女朋友，还有那位不识趣的室友。毕业后三个人都考上了硕士研究生，接着又成了博士，在事业上都取得了骄人的成就。

某种程度上，正是因为担心女儿重蹈我当年“小聪明”的覆辙，我才在大多数情况下默认了妻子对女儿学习督促的做法，让女儿一直处于适当的压力之下，“宁过之而无不及”，免致疏于懈怠。

而女儿的抗压能力，则主要得益于美国学校丰富多样的课外竞赛活动，尤其是辩论比赛、数学比赛和钢琴比赛。这些竞赛活动同时激发了她潜在的争强意识和好胜心。对获得更大认可和更高荣誉的追求，激励她主动应对一个比一个更艰巨的挑战。她原本并不是很喜欢数学，但她坚持留在学校数学队、坚持上Z老师的数学加强班，就是因为那些高难度的数学题，能让她感受到挑战带来的刺激和乐趣，每解完一道高难度的数学题，她会有一种成就感，就像登山爱好者征服了一座新的高峰一样，这激励她一直保持着学习数学的高昂热情。被哈佛大学提前录取后，她完全可以轻松度过十二年级的毕业季，但她还是选择修读了分量很重的大学微积分与解析几何Ⅲ。

另外，我会借鉴自己学生时代的缺点错误，预防女儿犯同样的错。

“有其父必有其女”，这句话经常可以从妻子的嘴里听到，当然是在她教训女儿的时候。在妻子眼里，女儿有什么缺点，都是遗传自我，所有的优点自然都是遗传自她了。起初我并没有把妻子的说法当真，听多了，我还真是从中受到启发，开始自我反省，认真总结自己的缺点，当成反面教材，一一拿在女儿身上对照。当然不是说我有什么缺点女儿就一定会有什么缺点，但我会留意观察女儿是否可能会有这些缺点，一旦发现有一点迹象，马上予以提醒。

比如，我学习的最大毛病是不求甚解，浅尝辄止。中学时期写论证类作文是我的短板，症结就在于此。跟同学争辩问题时也常犯片面化、表面化的毛病。大学时我偏重于外国文学，平时深得名师 N 教授喜欢。我的毕业论文是分析英国 19 世纪著名作家托马斯·哈代的创作思想，我的论点与当时国内主流文学评论家的观点有很大不同。N 教授看过以后认为我的论点失之偏颇，希望我对哈代的作品做更全面更深刻的挖掘，重新思考我的论点。我却自负地认为是 N 教授墨守所谓“革命文艺理论”的传统论点，所以不愿再多花费哪怕两个星期的时间照教授的建议去做。我强辩说只要我的立论能自圆其说，是不是就可以给我及格？教授见状也不再坚持，最终我的论文获得通过，但我也在 N 教授的脸上看到了一丝失望。

很多年后，我读到了一些颇具深度的哈代研究者的文章，深为自己当年论文之浅薄而汗颜。尽管当时国内出版的哈代作品数量较少，也缺乏资源全面了解哈代生活的时代背景，局限了我的眼光，但是如果我能听从教授的建议更深入地分析思考，一定不会交出那么浮躁的论文。两年前的夏天我在英国自驾游时，本打算前往拜谒哈代乡下的故居，却在距其 48 千米的路上出了事故，车子无法使用，阻断了我的行程。我自嘲地想，恐怕是哈代老先生嫌我当年的心不够诚吧！

汲取了自己的教训，我不断跟女儿强调，学习切忌浮在表面，一定要深潜下去，深入挖掘，除了真正弄懂老师课堂上所讲概念，还要做到举一反三，融会贯通。就像妻子督促女儿做数学题要多做几道同类题，反复练习、扎实掌握一样。女儿刚开始写辩论比赛文稿时，我也这样提醒她，不能为自己抓住了一个看似聪明的论点而沾沾自喜，流于片面和肤浅，而是要广泛深入查找论据，深刻论证，力求完善，确保无懈可击。女儿虽然嘴上总是说我啰唆，但多多少少总会听进心里一些吧。

第三章

——“你决定把哪所学校作为你的首选？”
——“哈佛！”

*
*

“我要上哈佛！”

*

十一年级一个暴风雪过后的周末，亨特高中的辩论队在哈佛大学参加了一场辩论赛。回到纽约的当天晚上，女儿像往常一样，跟我们聊着比赛的事情，但我总觉得她有点儿心不在焉。妻子猜想她可能累了，就让她早点儿睡觉，我和妻子回到了起居室。我们看了一会儿晚间电视新闻，以为女儿早已睡熟，就关了电视，打算就寝。刚走到我们卧房门口，女儿的房门突然打开了。她根本没睡！她走到我们跟前，叫了声“妈妈”，不知怎的，我听着她的声音有一点点颤抖。

妻子问：“你怎么还没睡啊？”

女儿紧闭着嘴不回答。能看得出她在仔细斟酌着将要说出口的话，她在犹豫，还有点儿忐忑。我想起一个小时前她的状态，突然担心她是不是这次出行遇到了什么麻烦或不开心的事情。可是，她的眼睛里明明闪烁着坚毅还带点儿兴奋的光芒！

“我要上哈佛！”

“什么？”我和妻子异口同声。我根本没有反应过来她说的是什么。

没错，女儿的声音确实在颤抖：

“我决定把哈佛作为我的提前录取申请学校！”

我和妻子面面相觑，一时语塞。

“怎么，你们不支持我吗？”可能我和妻子的反应让女儿莫名所以，也许是意料之外或是失望。她急急追问道：“你们不是一直都希望我能上常春藤盟校吗？”

我慌忙说：“当然！我们当然希望你上常春藤。”

妻子也回过神来，微笑着说：“你想上哈佛当然好了。不过这是大事，我们得慢慢商量。今天太晚了，你快睡吧，明天咱们再说。”

谁知女儿倔强地说：“不用商量。这是我自己的事，我已经想好了，我只上哈佛！”

妻子的笑容僵在脸上。我急忙打圆场说：“好好好，只上哈佛。赶快睡吧！”

我把女儿推回她的房间，替她拉上了门。只听到女儿在里面又嚷了一句：“我是认真的！”

我和妻子很快入睡了，根本没把女儿的话放在心上。我们认为可能是女儿在哈佛的辩论赛中取得了比较好的名次，哈佛大学的形象也随之被加了分，加了感情分，所以一时兴起而已。

哈佛？呵呵。

我们错了。女儿是认真的。

依照我的理解，聪明人还可以细分为三类：非常聪明的、聪明的、比较聪明的。天才除外。非常聪明的，天生具有出类拔萃的资质，玩着玩着就得了 100 分，躺着就能拿到全 A。这类人占少数，也比较容易偏科，还因卓尔不群不太招人喜欢——也不用讨人喜欢。比较聪明的，知道自己天资有限，又肩负着家庭的厚望（压力），所以十分刻苦，付出超过常人的辛劳，头悬梁锥刺股，最终功夫不负有心人，也都会有不错的结果。中间这一类聪明的，最终能走多远，很大程度上取决于家长和孩子自己的期望有多高。如果这个孩子志存高远，先天优势加后天勤奋，就有很大的概率摘取金字塔最顶端的那颗明珠，成为精英。这种人是人们眼中“完美”形象的代表。在很多明星学校，这样的学生属于排名前 10%；但是这群孩子里更多的会成为另一种我们常说的“好学生”。而在亨特高中，按照多年的纪录，这些孩子会被排名前十的大学录取，占亨特高中毕业生的前 28% ~ 30%。

根据哈佛大学多年来录取亨特高中毕业生的纪录，只有进入亨特的前 5%，才有比较大的机会被哈佛大学录取。当然这只是单纯按 GPA（各科成绩平均积分点）成绩。GPA 之外，还有 SAT 或 ACT 成绩，还有各种课外活动、运动或才艺能力、领导才能、社区服务等众多无法量化的东西。也就是说，即便进入前 5%，也不能保证就一定能进哈佛，何况你怎么能确定自己属于那前 5% 呢？

在我看来，女儿自然属于聪明类的，我相信她一定能上一所好大学，妻子更确信女儿一定能上一所常春藤盟校。随着女儿一年年升入更高年级，妻子对女儿这个优秀浆手获胜的信念更加确定不疑，她对方向的掌控也愈发驾轻就熟。美国高中生考SAT 一般选在十一年级，但妻子考虑到十一年级还有繁重的 AP（美国大学预修课程）及考试，便跟女儿探讨提前在十年级考SAT 的可行性。女儿认为自己已有十足把握，便在十年级参加了 SAT 考试，取得了 2360 分（当年的 SAT 满分是 2400 分，现改为 1600 分）。虽然离妻子想要的满分还差了一点，但妻子认为对于申请藤校来说已经是很好的分数了，何况是在十年级考的。她不但没有数落女儿，还大气地跟女儿说，咱们不用再考第二次了，就 2360 分了！

在妻子的想象中，藤校之一的哥伦比亚大学就是不错的选择。除了哥大享誉学术界的名声，她认为哥大地处曼哈顿，离家近，照顾女儿衣食起居方便。妻子为女儿所做的一切打算，也都围绕这个目标展开。她甚至早早给我这个“专职司机”铺排好了任务，将来女儿上了哥大，什么时候想回家，随时去接；做了什么好吃的，随时给女儿送去！

至于哈佛，那颗最最耀眼的明珠，当然想过啊！只不过是想想而已，即便登高望远的妻子也从未敢真的动心思把它当作女儿的奋斗目标。

而如今，女儿真的要申请哈佛！

她是那前5%吗？

她知道这是多大的挑战吗？

而在我看来，女儿这是在冒险。

冒险，是美国人的重要特质，冒险精神，代表着美国精神。美国人的祖先，就是那批乘着“五月花”号帆船横渡大西洋来到北美大陆的冒险家们。他们把这片荒蛮之地，开垦成神奇之地，用一百多年时间把美国建成世界头号强国。美国人的冒险精神一代代血脉相传。时至今天，美国的电影、美国的体育运动、美国的科技创新、美国的金融投资无所不在地彰显着冒险精神。在很多美国人的认知里，生命应该是一场需要完全体验的伟大冒险。而中国的传统文化，特别是儒家思想，提倡的是谨慎小心，是稳。

美国的华人家庭，多半会按照美国大学名校的录取模式，把孩子打造成符合名校要求的全优生——全A的GPA，2300分以上的SAT，都会弹钢琴，同是几个学校社团的领袖，都有五花八门的奖项，甚至近年一半的英特尔国际科学与工程大奖获得者都是华人学生。几乎所有人的简历看上去都差不多。很少有人敢于尝试不同的路径，因为很少有人甘愿去冒失败的风险。而这恰恰与美国名校期待的“独特”“与众不同”的特质相矛盾。近年由于竞争日趋加剧，美国的学生中，也越来越多这样求“稳”的全优生。他们多属于聪明的学生，他们了解自己心目中大学的录取标准，挑选课程时中规中矩，不会冒拿 A- 或 B+ 的风险去选高一级的课程；避重就轻，不会挑那些难啃的美国大学预修课程，也不会去上大学的速成课程。他们会让自己四平八稳地拿全A，四平八稳地进入父母期望的好大学。他们会为此放弃自己真正喜欢的东西，也知道自己不需为这个目标付出全力。甚至课外活动，他们也会选择参加那些不太具有挑战性的项目。这是一条屡试不爽的大学申请成功之路。

这种成功之路，就是稳扎稳打，中庸适度，远离挑战，不犯错误。

在那些学生成绩公开的特殊高中和私立高中，有的家长会精确地计算自己孩子的排名。如果知道某所大学名校通常会在孩子所在高中录取 2 ~ 3 名新生，而在自己孩子前面已有三名成绩更好的学生，他们就会让孩子选报排名稍靠后、获录取保证更大的名校，决不会犯险去冲击那渺茫的希望。

某种意义上，这也是我们预期中女儿的成功之路。

而把目标定为哈佛，就意味着要选难度更大的课，哈佛十分清楚你的简历上每科“A”的含金量，也就意味着你可能有拿 A- 或 B+ 的风险；必须去上大学的速成课程和荣誉课程，意味着你要成为重要社团的领袖，也就意味着你每个星期要多花十个小时（从哪儿挤出来？）；还要在人际关系和人事争斗上耗费心思；意味着你要尝试更多的东西，哈佛希望你兴趣广泛，同时又要你持之以恒。这一切，是对一个人心理和身体极限的挑战，也具有更大的不确定性。

就像奥运会的撑竿跳高决赛，你是选一个保险的高度，将本届冠军奖杯稳稳揽入囊中，还是冒着失败的风险，选择一个打破世界纪录的更高的高度？

如果你渴望成功而又知道获得成功的捷径，那为什么还要进行不必要的尝试呢？为什么要冒失败的风险呢？

女儿把哈佛作为她提前录取申请学校的风险还在于，哈佛大学的录取规定有别于其他大多数常春藤盟校，如果申请人把哈佛作为提前录取申请学校，就不能同时申请其他私立大学作为提前录取申请学校。这就等于如果没有被哈佛提前录取，你也失去了被其他常春藤盟校提前录取的机会。你只能寄望于第二轮的普通录取，而普通录取的录取比率明显低于提前录取。当然，你会让哈佛的招生官感觉到你非哈佛莫作他想的坚强决心，可能会为你增加一点印象分，但同时意味着你要孤注一掷。

而我最大的担心，其实是另一种风险：如若冲击哈佛失败，势必给女儿带来难以承受的心理打击！

一连许多天，我都在回顾女儿走过的路，重新审视女儿身上我不认识或者说忽略的东西。我逐渐明白，在女儿安静乖巧的外表下面，是一颗不安分的、勇于挑战的心。她不甘做一个“好学生”，她要的是最好，是卓越。

我又一次无奈地笑了：她的老爹我，年轻时就是这么一个看似温文实则内心躁动不安的人。只不过，我缺少了女儿那种追求卓越的坚定信念。

如果妻子把女儿身上隐含的冒险基因跟我联想在一起，肯定又要数落我一顿：她是那种让孩子与一切风险绝缘的母亲，要求女儿说话办事循规蹈矩，远离一切危险的游戏和活动。她不准女儿坐过山车，不准参加户外音乐会，不准跟朋友去恐怖袭击频发的地方旅行，甚至女儿学校每年一度的去大熊山郊游，她都忘不了交代：不准攀岩！

我的冒险精神可说是与生俱来，我两岁的时候就有过惊人的冒险经历。有一天奶妈带着我在井台上洗衣服，我把堆放在井台下的一大堆石灰粉当成了面粉，从高高的井台上纵身跃入石灰粉中，嘴里还叫着："白面啊！"瞬间消失在没顶的石灰堆里。众人听到奶妈的呼救声赶来，七手八脚把我挖出来，飞速抱着我送到医务室。童年及少年时代表面上我是众人眼里的乖孩子，背着家人我却有过不少过后看来愚不可及的荒唐冒险故事。我的人生轨迹也伴随着一个个冒险：当年报考大学填写志愿的时候，如果我不是好高骛远选了北京的一所名牌大学，凭成绩本可以安安稳稳被省城最好的大学录取；我去海南创办公司时，海南省还没有成立，我从未到海南考察过，只是在地图上查看了一下方位，就贸然辞别舒适的工作单位飞去了海南；然后又两手空空去了香港，再后来就到了太平洋这边的美国。……可是，我的冒险和折腾屡屡以跌回原点而收场。妻子给我的总结是：这辈子我就应该老老实实本本分分做一个公务员。

对于妻子谨小慎微、过度保护的做法，我有不同看法。即便是女孩子，我也不希望女儿成为一只胆小温驯的小绵羊，尤其是生活在个性张扬的美国。我经常在一个人接女儿回家的路上，跟她炫耀我小时候的荒唐历险故事。一有可能，我就创造机会让她尝试触碰妻子为她划定的“安全红线”，带她看看藩篱外面的多彩世界。一年夏天，我们一家人去奥兰多度假，妻子受不了酷热天气，老想泡在酒店的泳池里，我正好借机带女儿玩遍了几大主题公园几乎所有的冒险游戏——除了疯狂过山车，慑于妻子的禁令，我只带女儿坐了迷你过山车。刚开始女儿有点儿害怕，我就陪她一起玩儿，她的胆子慢慢大了起来。在我的鼓励下，她一个人爬上几十米高的滑水台，犹豫片刻，纵身顺着水瀑滑下。到后来，我发现越是紧张刺激的游戏越让女儿痴迷，玩一次还嫌不过瘾，要玩第二次、第三次。

八年级暑假，我带女儿随旅行团去欧洲游玩。到了当地才发现，很多重要景点只是“路过”，大把时间浪费在导游安排的购物活动上。看着女儿失望的样子，我想到了“脱团”的主意。在伦敦的第二天，刚过中午，参观项目就结束了，接下来导游就要带大家去哈罗德百货公司购物。我跟导游说我和女儿有急事要回酒店，导游一脸不悦地同意了。

只剩我们俩人的时候，我问女儿：“伦敦你最想去哪里？我们现在就去！”

女儿一听，惊喜地说：“真的？”

我说：“真的！”

“太好了！”女儿蹦了起来，但她马上担忧地说：“导游知道了怎么办？你看他刚才不高兴了。”

我说：“不管他！我们花钱就是出来玩儿的，怎么开心怎么玩儿！”

女儿说：“我最想去大英博物馆！”

我应该想到的！我心里原来想的是几十千米外的巨石阵遗址。但是我此刻更高兴女儿最想去的是大英博物馆！

当我们站在大英博物馆的镇馆之宝罗塞塔石碑前面时，女儿轻声惊叫出来，眼睛放着兴奋的亮光。她的历史课里讲到过这个著名的石碑。

大英博物馆实在太宏大了，我们只能挑选女儿最感兴趣的藏馆走马观花，直到人家往外赶人了，我们才不无遗憾地离开。女儿说，逛大英博物馆是她在伦敦度过的最难忘的半天时光。

到了罗马，导游让一团人在古罗马斗兽场附近下了车，简单地给大家介绍斗兽场的历史。女儿在我身边蹦啊跳啊，急不可待地想赶快进去参观。谁知道导游最后说道：“排队买票要等两个小时，所以我们在外面看看、拍个照片就行了。二十分钟后，我们就登上巴士赶往下一个景点了。”

一路上，女儿嘴一直噘着，差点儿要哭出来。我也觉得很失望，到了罗马没参观斗兽场，算什么罗马游？接下来两个景点，根本提不起兴致去看。之后，导游又把我们带到一个购物街，宣布解散，自由购物，三个小时后原地集合返回酒店。

没能进入斗兽场，我实在于心不甘。我问女儿：“想不想去斗兽场？”

“当然想！”

我拉起女儿的手就走。拐过街角，看不到团友的身影了，我拦下一辆出租车，朝斗兽场奔去。

女儿既兴奋又紧张，抓着我的手不停地念叨着：“爸爸，爸爸，谢谢！谢谢！”

排队买票根本不像导游说的要等两个小时，我们只花了二十分钟就买到了门票。女儿眼睛睁得大大的，贪婪地看着这个伟大建筑遗迹的一砖一石，好像要从那断壁残垣中追寻久远的故事。仲夏的烈日晒得她小脸上汗水直流，却掩不住她的兴奋之情。我们沿着斗兽场的高墙走完500米整个看台，女儿还意犹未尽，又钻进下面的通道，走上斗兽场中间的表演区。直到我怕太晚了赶不上回酒店的巴士，催促了几遍，女儿才依依不舍地走出斗兽场。

没想到，赶上下班高峰，半天都拦不到出租车。我也有点儿着急了，拉着女儿步行了好几个街口，在一个比较偏僻的街角总算拦下了一部车。此时离集合时间只有二十多分钟了，我催促司机开快点儿。开车的是个四十多岁的小个子女司机，只听她嘴里哇哇不知道叫些什么，忽地一下车像火箭一样飞了出去。出租车抄近道在马车道一样的巷子里横冲直撞，甩得我和女儿忽地晃左边忽地晃右边。眼看要撞到前面一辆车的车尾了，一个急刹车，我的额头只差一毫米就要撞上隔离网的铁栏。我算是领教意大利出租车司机的厉害了！伦敦的出租车司机像是大学法律系教授兼职，罗马的司机则像是开大篷车出身，更何况还是女中豪杰。女儿吓得花容失色，趴在我怀里紧紧抱住我，还不忘担心地问："我们能来得及吗？我们赶不上车怎么办？我们回不了酒店怎么办？"

我们压着点儿赶到集合地点，一车人早已在座位上坐好。导游看了看气喘吁吁而又两手空空的我，大约猜到些什么，悻悻然挤出一点笑，拍了拍司机座椅靠背，巴士立刻就启动了。

等我们喘过气来，女儿的兴奋劲儿还没退去，她凑到我耳边悄声说道："爸爸，刚才真刺激！"

过了一会儿，她又用带点儿后怕的口气说："爸爸，再晚一点点巴士是不是就扔下我们开走了？我们今天是不是有点儿太冒险了！”

我不无得意地说：“不冒险怎么能看到好风景？”

而此时，我却有点儿后悔自己一路的“言传身教”。

我打算跟女儿认真谈一谈。

没想到，女儿给了我一个成年人式的回答。

她说：“我这不叫冒险。我认真权衡过我自己，我认为我能达到哈佛的标准，我认为我准备好了。准备好了的行为不是冒险，是行动！没有准备的盲目行为才叫冒险！”

我感受到了强烈的震撼。我吃惊于女儿的成熟，也从女儿的回答中悟出了她的“冒险”跟我的冒险有什么不同：我的冒险是盲目的冲动，是没有准备好的行为。所以，成功是侥幸，不成功是必然。而女儿，她准备好了！？

我还是有点儿担心。我问女儿：“可是离提前录取还有一年时间，一年中你要面对更加艰巨的学业，还会遇到很多难以预测的变数，你怎么能保证……”

“我相信我自己的能力，我也会更加努力！”女儿坚定地打断了我的话，“再说，我们所有人不管做什么样的决定，哪个不具有一定的风险？”她狡黠地对我笑了笑：“爸爸，冒险才能看到好风景，不是吗？”

重 挫

*

新学期，女儿除了继续她在哥伦比亚大学的荣誉科学项目课程，还选了美国大学预修课程微积分 BC 课程和亨特学院的微积分与解析几何（多变量微积分）速成课程。

她在美国数学协会举办的美国数学竞赛 AMC-12 取得了优异成绩。（AIME Qualifier，即美国数学邀请赛参赛资格。AMC-12 前 5% 有资格参加 AIME，AIME 的获胜者晋级美国数学奥林匹克比赛。）

她的 SAT II 数学 2 取得 800 分满分，化学取得 790 分高分。

STEM，继续努力。

好像在为女儿的哈佛梦加油，其他各路捷报也频频传来：

她获得了学乐艺术与写作大奖赛全国金奖；

她以一曲李斯特改编帕格尼尼的第六练习曲・主题变奏曲在国际青少年钢琴比赛中获奖；

她第四次获得拉丁语全国考试金奖；

她被推选为学校的写作中心学生导师……

她信心满满地期待着即将到来的亨特高中演讲及辩论代表队

队长的换届选举。

美国常春藤盟校所青睐的优秀高中学生，其所必须具备的重要特质之一是“领袖气质”或称“领导力”。人们一般把它理解为，你必须是高中学生会干部或是某个或某些学校社团的头儿。有的学生为了在申请大学的简历上包装自己，就拉上一两个好友成立一个新社团（当然一般都要经校方批准），自任队长。有人甚至同时身兼几个社团的队长。其实大学招生官非常清楚每个学校各个社团的情况，更清楚每个社团“领袖”的成色到底有几斤几两。可是永远都会有人为争取成为“领袖”绞尽脑汁，片面追求领导力变成向往藤校的优秀高中生的一种迷思。

而演讲及辩论代表队的队长，由于辩论队的学术含金量和在学校社团中的重要地位而身价不菲。在同学们眼里，坐上辩论队队长的位置，相当于稳操 HYP 的入场券。辩论队队长通常都由十二年级学生担任，而十二年级的学生把很多心思放在申请大学和享受毕业季上，无暇在管理社团上花费更多时间和精力，所以队长一职更多意义上是一个荣誉职务，辩论队的具体管理事务实际上是由副队长主持。

前一年，女儿高票当选为辩论队的副队长，我以前多次随亨特辩论队赴外地参加比赛，深知这个副队长工作之不易。每年大大小小十多场赛事，每场比赛又分为不同的种类和众多组别，所有这些赛事的安排，与比赛组委会的衔接，以及报名、交费、订酒店、安排餐食、学校到赛场所在城市的往返长途巴士、赛场到酒店的短途接送等有关事宜，全部都是副队长一个人的职责。她必须保证几十个参赛队员准时、无误地到达各自的参赛地点，一个不落地回到酒店，最后安全地返回学校。每次比赛前几天，女儿就要用电子邮件通知所有队员，以上千字长文详细说明注意事项。同时，她还要为自己的参赛项目准备文稿、练习辩词。所有这些，都只能在课余时间完成。

最初我十分怀疑女儿能否胜任这份工作。从小到大，她的所有后勤保障工作都是我和妻子负责，从不让她动手。每当我提醒妻子长此以往女儿长大后会缺乏生活自理能力时，妻子都会对我说："女儿聪明，悟性高，这些粗活她一学准会。什么时候学都不晚。就像我，以前从来没做过饭，嫁给你以后不是照样做得一手好菜？"

没想到，女儿把她的工作做得有条不紊。她第一次带队赴外地参赛，一回到家，就自豪地向我证明她多么能干，以反证我对她能力的担心是多余的。她还跟我们讲了很多她的队友们因缺少常识和经验、动手能力差而出的糗事儿，完全颠覆了我对美国孩子所谓独立、从小自己的事情自己做、帮助父母做家务、生活自理能力强的印象。女儿说他们在野外做烧烤，一群男孩子居然不知道怎么烤肉，一个个手忙脚乱，被烟熏得鼻涕一把泪一把，最后还是女儿一显身手，让大家吃上了香喷喷的烤肉，而她的烤肉经验，不过是我们和朋友聚餐烧烤时她在一旁观看过而已；有同学在巴士开出酒店几十千米才想起来还有重要物品忘在了房间里，劳烦所有人陪着她返回酒店；由于道路积雪，参赛队员打不到出租车回酒店，女儿打电话给大家一一订了电招车（当时Uber还不普及）。好不容易等到车来了，几个男孩儿却磨磨蹭蹭，几个外校的男生抢在他们前面上了车，亨特高中的几个男孩儿竟然束手无策。还是女儿跑上前拦住电招车，出示电话上的叫车记录给司机看，才把那几个外校男生赶下了车。

按照往年换届选举的惯例，有关队长人选的环节就是一个过场而已，无一例外都会由副队长接替。这是大家达成的默契：副队长做了最多的工作，操劳了一整年，既有功劳也有苦劳，把她送上队长的位置，是对她的一个公开奖励。女儿认真负责的工作态度和高效的管理能力更是得到了大家的认可，换届选举前的民意调查结果，一边倒看好她当选队长。

女儿参加了学校的好几个学生社团，最初加入的动机基本上都是出于兴趣，跟学业有关的当然也考虑了有益于学习的因素。不管她选择参加哪个社团，只要对她的学习和全面发展有帮助，我们都积极支持。当初支持她参加辩论队纯粹是想锻炼女儿的胆量。平心而论，不论是女儿还是妻子和我，都没有让她成为某个社团"领袖"的企图，因为我们当时并没有看出女儿有什么领导能力，或者说当"领袖"的潜力。当年送女儿参加"天才儿童领袖夏令营”的往事，早已被忘到九霄云外。偶尔想起，只会觉得幼稚可笑。

而此时，我们都为女儿即将成为辩论队队长而高兴。这是女儿应得的荣誉。

女儿也很期待，尤其因为有了哈佛的梦想，这个职位多了一份意义。它将为女儿的简历添上浓墨重彩的一笔。它是对女儿个人能力和领导力的有力认证。

何况，这是水到渠成、顺理成章的事！

她做好了轻松笑纳这一奖励的心理准备。

然而，女儿意外落选了！

时至今日，女儿的好朋友们仍然坚持着她们的“阴谋论”，认为凯特输给了高中版的“办公室政治”。

女儿几乎无法接受这个事实。她回到家里，哭得很伤心，跟我们诉说着她的委屈。她不明白为什么会这样，她觉得自己付出了那么多，却得到这样的结果。她甚至对自己的自信产生了怀疑。

尽管我们明白，只有经历过失败，才能汲取教训，只有经受挫折的考验，才能使人成熟，但真的看到女儿遭受重挫的痛苦，却难抑揪心的难受。尤其是妻子，女儿在流泪，她心里在泣血！

我知道，女儿长这么大，一路顺遂，这件事是她遇到的第一个重大挫折，更是对女儿冲击哈佛梦想的沉重打击。如果不是辩论队队长在申请哈佛的简历上的分量，女儿决不会把这个位置看得这么重。不会那么想得到它，也就不会伤得这么重。

当下最重要的是，让女儿尽快从挫折中走出来。

当时，女儿已经从即将毕业的学姐手里接替了女子预科中学数学队队长的职位。我安慰她说，这不也是个队长吗？不是也一样代表了你的领袖气质吗？你不是还是新生学生导师吗？

女儿嚷道："女子预科中学数学队的队长怎么能跟辩论队队长比！"

女儿没有吃晚饭，她躺在床上拿被子从头到脚把自己蒙得严严实实，不再说一句话。妻子和我坐在女儿床前，搜肠刮肚地说遍了安慰和鼓励的话，女儿一直默不作声。

我换了个方式。

我问："你当初参加辩论队的时候是为了当队长吗？"

我又问："除了今天这件事，在辩论队的这几年你是不是觉得很有意义，很开心，很有收获，对你帮助很大？"

我接着问："如果抛开申请哈佛简历的因素，这个队长对你来说意义真的很大吗？"

女儿还是没有丝毫反应，但是我知道，她心里已经在思考了。

我继续说道："我认为：第一，名校所说的领导力，不只是看你的职位高低，看你是辩论队的队长还是副队长，更重要的是看你为大家服务了多少、帮到了别人多少、为这个团队做出了多少贡献；看你是不是真正热爱这份工作，并且在工作中将自己的价值最大化。从这个意义上来讲，就哈佛招生官对你们亨特高中几十年的了解，队长副队长没什么区别。女子预备中学数学队队长也一样，社团规模不在大小，要看它是干什么的。女子预科中学数学队还具有公益意义呢！第二，就算这件事对你是一个损失，它也只是你上哈佛要做的无数件事之一。不要计较一时的得失，而是要努力做好以后的事情，来弥补这个损失。第三，你如果是为了能上哈佛才要当这个队长，那就是典型的功利思想。我们以前多少次讲过功利主义的危害，你不是也看不起那些出于功利目的选课、争抢社团领袖职位的人吗？什么事都从功利出发，总有一天会缺乏后力，在成功的路上就走不远，就做不到卓越。最后，如果这件事就让你动摇了对自己的信心，说明你还不够坚强，哈佛要的不是这样容易被击倒的人。中国有句话叫百折不挠，还有句话叫百炼成钢，做到这两点，才能真正成为最优秀的人。你好好想想吧！”

说完这些话，连我自己都觉得空洞俗套、苍白无力。如果换作我自己，我会相信这些说教吗？我能做到这些吗？我不再说什么了。我相信，很多事情，别人说再多也没用。只有靠自己去慢慢领悟。也许只有时光，才能慢慢抚平一切。

我相信女儿很快就会跨越这道坎，但她站起来的速度比我想象得还要快。

第二天早上起来，女儿头晚哭肿的眼睛还没有完全恢复，但脸上已没了昨日的哀兵之气。她精心化了淡妆，涂上口红，看上去精神多了。她没有笑容，但她语气坚定地对我们说：“昨天你们说的话我都记住了。放心吧，我不会被这件事击垮，谁也阻挡不了我做我要做的事！”

消息很快在女儿同学圈子里传开，引起了一阵小小的震动，熟识的同学及时给她送来关心和支持，很多人为她打抱不平，但女儿表现得异常平静。只是最了解她的朋友，在她的平静后面看到了一个不一样的凯特——她不再只是一个文静的亚裔女孩儿，她好像真的成了那个意志坚强的哈佛女孩！

接替凯特成为副队长的男生，心里充满了忐忑。他担心凯特的情绪会导致非正常的工作交接。副队长职责范围内的事情太繁杂了，每一项工作交接不到位都会给辩论队的新一个赛季造成影响。万一女儿负气草率交接甚或撂下不管，最倒霉的自然就是他这个新任副队长了。

他找到凯特的好友试探凯特的态度，让他们给她传话，希望能平安交接。可是一旦他在走廊上碰到凯特，又像自己做错什么事儿一样低下头远远地躲开。女儿回家跟我们说起来，又好气又好笑。

妻子说：“你别再逗他了，这又不是他的错，好好跟他交接了算了。”

女儿说：“我当然会！”

第二天，女儿大方地叫住这个男孩儿，约定时间认真地完成了交接，男孩儿又惊又喜，对女儿说了不知道多少个谢谢。最后，他望着凯特的眼睛，诚恳地说：“凯特，我真的很敬佩你！”

幸运的“考古队员”

*

近年来，美国大学名校的录取规则在中国已经广为人知，但我还是想在这里借前述那位年轻中国媒体人的话略加描述。这位媒体人根据自己中美两地求学的亲身体会，对中美两国大学录取制度的异同有非常形象的概括。她写道：“美国大学录取的全方位衡量方式要求学生不仅有出色的成绩，而且有丰富的课外活动、精彩的实习经历和几个令人过目难忘的‘足以改变他们一生’的故事。”即便做到了这些，也“都不足以担保他们能够获取理想大学的通知书”。

“如果说在中国应试教育中取胜的方法是向标准答案看齐，成为最中规中矩的优秀生，在美国的大学申请中成功的诀窍，便是利用自己先天条件加上后天努力，将自己打造成最全面同时也最不落俗套的申请人。如果中国的高考是一跃定成败的跳高比赛，美国的录取过程则是铁人三项加八仙过海。”

“在日益激烈的竞争中，这似乎意味着申请人应当具有全面的竞争力，同时又有不同寻常的特长与特质。一个拒绝制定硬性标准的选拔过程，似乎已经被争强好胜的学生赋予了自身都难以达到的标准。向着这些标准努力，能够达到的学生成为胜者，而落后者则是落败者。从这个角度看，美国大学选拔学生似乎和高考有些许相似：虽然衡量标准不同，但终归有自己的规则。”

最后一段话最有意思：没有“硬性标准”……“难以达到的标准”……“向着这些标准努力”。

读起来有点儿拗口，让人觉得无所适从。

确实让美国高中生们无所适从。

严格说来，美国名校录取制度不是完全没有标准。GPA、SAT 和美国大学预修课程成绩必须达到一定的分数线，你才有资格进入被选拔的“池子”。

进入这个池子，真的就没有硬性标准了。

这个没有标准的“标准”，还有一个附加条件：申请人“要保持自己的本色”。

标准：你们都要一样出色，但必须有自己的本色。

结果，那些可怜的孩子就像参加高级社交派对的女士们害怕撞衫一样，挖开脑洞寻找前人没有做过、又能让简历大放异彩的事情去做，以彰显自己的与众不同。但是世界上没有人做过的事情似乎不是很多，最后用概率统计，每一个略显新奇的东西，没过几年，便有成千上万的跟风者蜂拥而至。

于是，就有了无数帮助低收入孩子补习的故事，有了无数到医院或养老院做义工或志愿者的故事，有了无数奇异探险旅行和冒险故事，有了无数感人的亲情故事，有了无数成长励志的故事，还有与自闭症、忧郁症或阅读困难症做斗争的故事。

这些年最典型的例子就是美国高中生扎堆儿去非洲“扶贫”支教。每年暑假，美国各地飞往非洲大陆的航班上，都会看到一群群的高中生。

据说，大学的招生官们对那些几乎千篇一律的“非洲爱心故事”都有些“审美疲劳”了。有一个高中毕业生在报纸上公开撰文，抱怨自己之所以未被大学名校录取，就是因为没去非洲那些贫穷落后的国家待上一两个星期，到那些破烂不堪的小学教室里为非洲孩子们教几节课，或者为野生动物保护组织做点儿什么事。自己的简历上少了这段特殊的“爱心故事”。她甚至用嘲讽的口吻说，她真应该在简历上附上一张自己跟几只黑猩猩的合影。

女儿的每个暑假，我们都会为她安排一个远途旅行，带她去了中国、欧洲、加拿大和美国的很多地方。高中十一年级的暑假，一家人却在女儿暑期活动安排上有不同想法。亨特高中科学队的老师要带几位同学去非洲做短期支教，女儿想要报名，妻子坚决不同意。在这个问题上我与妻子的立场完全一致。妻子想让女儿去参加一个收费昂贵的电脑课程夏令营，女儿却兴味索然。一家人为此闹得不愉快，加上辩论队队长落选的事情刚刚过去不久，女儿的情绪十分低落。

有一天，女儿放学回来却显得分外高兴，原来，她的升学顾问给她推荐了一个暑期活动，是一个国际公益团体组织的古罗马遗址考古项目志愿者夏令营。女儿几年来的拉丁语学习让她对古罗马帝国时期的鼎盛历史和文化产生了浓厚的兴趣，而这个考古项目的发掘现场，还位于当年罗马帝国皇帝哈德良占领不列颠时修建的古长城遗址，这段历史让女儿感到好奇：古罗马文明对盎格鲁－撒克逊文化有过什么影响？她觉得再也没有比这个考古项目更适合她的暑期实践活动了。可是她担心妻子不会同意，因为这不像电脑课程夏令营，跟STEM一点儿关系都没有。

出乎意料的是，妻子满口答应。

晚上我问起妻子为什么不再坚持电脑夏令营，妻子说，她只是想让女儿开心，忘掉辩论队队长落选的不快。“这么多天都没有看到女儿像今天这么有兴致，我哪还忍心拒绝她？”

七月的一天，我和女儿飞越大西洋来到英国东北部沿海小城纽卡斯尔，女儿参加发掘的古罗马遗址就在这里。目送女儿跟着志愿者夏令营的接机人员离开，我在机场旁的租车公司取了事先订好的车，准备开始我的环英自驾游。

第二天，我先用半天时间游遍了小城的大街小巷，接着开车去了郊外的罗马古长城遗址。连绵起伏的山坡上，一群群圆滚滚的绵羊悠然自得地啃着青草，空气中弥漫着羊粪的浓烈味道。虽然有点儿失望的是没有看到像中国长城那样的“巨墙”，只见到一段段断石残垣横卧在绿毯一样的原野上，但那层层叠叠、无数块一米见方巨石堆砌而成的庞大城堡石基，依然见证着一千九百年前罗马帝国的荣耀。

遵照妻子的指示，我来到女儿他们的工作现场，开着车围着挖掘工地慢慢地转了一圈又一圈。遗址是哈德良长城靠近泰恩河畔的一座罗马军营，现在是被铁丝网围着的一个方形大坑，一队男孩子女孩子组成的“考古队”排成一行从坑里往上传递着石块儿。我看到了靠近坑底站着的女儿，崭新的添柏岚靴子陷在泥中，戴着工作手套的双手沾满了污泥。

两天以后，我从北部的苏格兰返回纽卡斯尔，遗址的大坑已经变成了一个方方正正的倒金字塔形，一层层的土阶环绕成“回”字形通向坑底，每一层土阶上都有志愿者或蹲或跪，手里握着小铲子小心翼翼地拨弄着土层。坑底的正中央，女儿正和一男一女两个志愿者在泥土中挖掘。女儿居然会使用铁镐！

在我的想象中，这种志愿者夏令营无非是一种趣味性的活动，组织一群高中生瞎折腾几个星期玩玩而已。而今看来还真像正经八百的专业考古队！

我放心地驱车南下。每天，我都与女儿短信联系，听她汇报每天的活动。有时，她只是简单的一两个字：Ok，好累，好的。（想必一定累坏了）有时，她会讲述一些挖掘以外的活动，比如阴雨天参观古长城遗址博物馆、听考古专家介绍遗址发掘成果等。近几十年来英国政府和民间组织十分重视哈德良古长城遗址的保护和考古研究，哈德良长城遗址已被列为世界文化遗产。不断发现的考古成果揭示了当年驻守要塞的罗马军队的生活、罗马士兵的不同民族、宗教来源，以及因长城要塞形成的贸易、城镇的历史，这些工作成为了解罗马帝国扩张和衰亡史的重要组成部分。那些碑文和博物馆收藏的文献让女儿所学的拉丁文有了用武之地。最珍贵的文物中竟有一批记述罗马军队给养和人事制度的木简，还有一枚公元 2 世纪的罗马纹章。这些都让女儿惊艳不已。

可是，具体的考古发掘工作却是枯燥无味的，志愿者们辛辛苦苦挖了那么多土方石块，却没有任何有价值的发现。一个星期后，才有一个女孩儿在泥土中找到了一个别针，让大家的热情高涨起来。然而接下来又是一连几天一无所获。年轻志愿者们的兴趣在一点点消退，开始变得有点儿浮躁起来，怀疑还值不值得这么挖下去。女儿的信心也在动摇，但她那种“做什么事都要坚持到底”的信念在支撑着她，让她静下心来，蹲在那里一点点儿耐心地用小号考古铲拨开沉睡千年的泥土，一点儿也不疏忽放过。

女儿不知道的是，幸运女神在不远处等待着她。夏令营结束前几天的一个下午，她的手指在泥土里触摸到一个金属质感的环状物，她小心地取出来，用手指轻轻一抹，那件东西在太阳照射下闪耀着铜绿色光芒。女儿激动地叫出声来。经考古专家鉴定，认为那是当年罗马军队马匹使用的铜铸马具的一部分，极具考古价值。博物馆郑重其事地将其编号、登记在册，陈列在那些珍贵的文物之间，还特意标明了发现者的名字。

女儿马上给我发来了照片，“太神奇了！”“我找到的！”语气中充满了惊喜和兴奋。

我觉得太不可思议了。人，还真是要有点儿运气的！

好运是对用心的回报。

好运还成就了一篇令人过目难忘的大学申请作文。

找回自我

*

女儿度过了一个充实而愉快的暑假。从颇有收获的英国之行回来，她又花了很多时间跟一群小学音乐夏令营的小朋友在一起。她在夏令营担任辅导员，利用自己在演讲辩论队学到的知识和历年参赛的经验，教那些才华初露的小音乐家讲话的艺术，提高他们的语言表达能力，让他们学会在舞台上和媒体面前更好地展现自己。她的课程引起了音乐老师和很多家长的兴趣，干脆让她开了一个基础辩论知识讲座，老师首先为他的儿子报了名，说要让他儿子一上初中就参加学校的辩论队。女儿为备课真费了不少心思，因为把那些概念、术语、规则用小学生们能听懂的语言讲出来，简直比写一篇自己的辩论比赛文稿还要难。给一班小朋友正儿八经地上课，也要比带他们玩儿费力多了。除了不停地回答他们的“为什么”，还要时不时地维持课堂纪律，甚至制止两个男孩子打架。每次辅导完从夏令营回来，她都累得像要散了架似的，不过看得出来她很喜欢她的工作。看起来，女儿已经从辩论队队长落选事件的阴影里走了出来。

事情远远不是这样。

女儿在哈佛大学第一年的第二个学期，得了人群中 85% 从婴儿到青少年时期都会染上的一种病。这种病没有疼痛，症状轻的一点感觉都没有，重的却会让人整天昏昏沉沉，乏力嗜睡，无法集中注意力，提不起精神做任何事情。女儿的症状算是比较严重的，她受了长达两个月的折磨，但她凭着正常人难以想象的毅力，强迫自己应对繁重的学业、哈佛学院咨询团项目组分派的工作和赛艇队的训练。她一直以为自己是累了，直到我们去学校看她，才发现她已虚弱不堪。妻子催促她去看医生，才知道是疾病所致。病愈后，暑假也到了。我们去学校接她的时候，她的精神面貌焕然一新，恢复了往日的活力。回纽约的路上，女儿兴致很高，话也特别地多。我们的话题主要是他们的划艇队，在前一天的赛季最后一场大赛中，哈佛大学代表队的六条艇都取得了不错的战绩。女儿作为新人，又刚经历了漫长的病痛困扰，却表现抢眼，得到了教练和队友们的一致好评。

后来，女儿话锋一转，问我："爸爸，你还记得 2016 年暑假在亚特兰大的那天晚上，我们俩讨论的那个话题吗？"

我完全不记得什么话题了。

女儿提醒我："就是关于别人怎么看你。"

我想起来了。

那天，我们俩从伦敦希斯罗机场飞回纽约，因赶上飓风袭击美国东北部地区，纽约肯尼迪机场及周边所有的机场全部关闭，我们的航班中途转向亚特兰大机场备降。晚上无所事事，我和女儿坐在酒店外的长椅上闲聊。那场飓风是由佛罗里达经由亚特兰大北上的，飓风过后的亚特兰大，夜晚的清风让人感到凉爽舒心。不知怎么，话题聊到了我，聊到了我过往曾经有过的所谓的“辉煌”，甚至聊到了女儿的爷爷。

听完我和父亲的故事，女儿问了我一连串的问题：“你在不在乎别人怎么看你？在不在乎爷爷怎么看你？你当年怎么看待自己的身份？你来美国后，原来那些优越的身份没有了，你失落过吗？还有，爷爷怎么看他这一生呢？”

我记得我坦率地做了回答，尽管不一定是完满的回答，因为我生命中那么多起起伏伏，很多事情连我自己都没有一个明确的答案。在我人生低谷的时候，我曾无眠无休地思索，怀疑自己的能力，怀疑自己选择的道路，怀疑自己追求的人生目标，甚至否定自己的一切。在我春风得意的时候，在不绝于耳的称颂声和奉承声中，也会有一闪而过的疑惑：这是那个真正的我吗？是那个我想要的成功吗？

我跟我的父亲一辈子从来没有探讨过这种哲学层面的问题。父亲一生从政，从年轻时的顺遂、中年时的坎坷再到仕途后十年的辉煌，铸就了他人生最主要的身份印记——他的身份由一个又一个“长”构成：所长、科长、校长、院长、县长、局长……我认为，除了为信仰而献身，父亲也很为自己为官一生的一系列身份而自豪。直到退休十数年甚至直到离世，他都没有完全放下这个身份。但他也被这个身份所累，也许为了保持这个身份，他轻忽了生命中最值得拥有的一些东西，忽略了更有意义的人生体验，错过了更美丽的世间风景。当然，他从没有为了这个身份，拿正直、尊严和良心换取。这也正是我最钦佩他的地方。他是出了名的刚正不阿，也因此影响过他自己的升迁。

我始终没有机会明白，把自己的“身份”看得如此重要的父亲，在他蒙难的十年间，是否对心中那个“自我”有过动摇？是否怀疑过自己的人生？

我的“身份”始终是模糊的、游离的。我曾经一直是老师和同学眼中的“好学生”，我享受着这个身份，因为它给我带来的是荣耀和同学的艳羡；我也抗拒过别人给我的这个身份，因为它同时给了我压力和约束，让我不能有片刻松懈。我曾经无解地抱怨：为什么在众亲友眼里我应该一直比别人优秀？我也曾经随波逐流、浑浑噩噩，甚至怨天尤人、自暴自弃。我曾经是所谓的“成功人士”，也曾经什么都不是。身份的变换带来过众人的追捧，让我从中获得满足，也曾让亲朋失望，那又会让我自责。

总结了父亲的成功和我的平凡，我告诉女儿，出于人的社会属性，人不可能不在乎别人怎么看你。很多人对自己身份的认知依照的是世俗的观念，来自别人的毁誉评说，而不是来自自己内心地呼唤。我觉得，不论你选择什么样的自我身份，不论是卓越还是平凡，都无可厚非，但最好是思考一下那是不是自己内心真正想要的，而不是过于在乎别人的看法。那才叫“自我”。你是为了真实的自己而活，而不是为了在别人眼中你怎么活，不是为某个身份、某种标签而活。

打个最简单的比方：你买一部奔驰车，你是为了享受舒适的驾乘体验，还是让别人看来你很有钱？你买一本好书，是为了享受两天美妙的精神之旅，还是要摆在书房充数，向朋友炫耀你的学识渊博？如果是前者，你会对奔驰车和那本书有自己笃定的认知，决不会因为别人的好恶舆评而轻易改变。

最后，我半开玩笑地跟女儿说：尽管爸爸此生成不了你的榜样，但我还是认为，人无论什么时候都不能放弃对更好自我的追求，对更高人生目标的期许。即便是为生活所迫或其他原因暂时停止了这种追求，如果有那么一天，哪怕年纪再大，也要完成自我实现。这其实是我的自勉。

我当时一直以为跟女儿讨论的是我，是我父亲。我粗心了。女儿是在试图探讨她自己的身份困惑。

在亨特高中这样的精英中学，尽管每个人的成绩不公开，但经过数年同窗，前 5 名或前 10 名都是哪些人，基本上已得到了大家的公认。尤其进入十二年级，竞争已近尾声，“鲨鱼”已不再具有威胁性，因为一切基本上都有了定论。除了属于前 5 名或前 10 名之内的人有人在盘算谁会是挤占 5 个或 10 个哈佛名额的真正对手，更多人是对这些“顶级选手”的羡慕和善意的祝福。对那些学习成绩优秀、学校重点社团活动又十分抢眼的学生，同学们私下里谈论起他们时，都会用这个人的最强项、最具代表性的特征作为他的“身份”标签。比如叫萨姆是“四分卫先生”（美式足球比赛中，四分卫是全队的核心，进攻的组织者、投球手），叫皮特是“剑术达人”，叫安是“数学女孩”。他们叫凯特为“辩论女孩”，当然，还有“哈佛女孩”。

辩论女孩意味着聪明的女孩儿，能干的女孩儿，有领导力的女孩儿。

可是如今她不再是辩论女孩了，那么这个“身份”所代表的所有闪亮的特质都将随之消失了。

“那么我的身份是什么？同学们该怎么看我？”

没有了辩论女孩的标签，还会是哈佛女孩吗？

女儿陷入了自我身份的认知危机。她觉得有点儿迷失了自己，突然发现自己像一个没有“身份”的人。自己那么努力，到底是为了什么？我所做的一切值得吗？我还要不要继续往前走？我还能成为父母和自己期许的那个“我”吗？

在上百个夜晚，在往返英国的飞机上，甚至在累得筋疲力尽的考古发掘现场，她都不停地在苦苦思索。

十二年级开学，女儿正式接替了女子预科中学数学队队长的职务。

这确实是一个在别人眼里不那么重要的职位。

女子预科中学是位于曼哈顿下城的一所特许学校性质的女子高中，学生基本上都是来自附近社区贫困的黑人家庭。女子预科中学是亨特高中数学代表队的对口支援学校，也就是亨特的“支教对象”。在亨特高中的支持下，女子预科中学成立了数学俱乐部，每个星期，亨特高中数学队的志愿者都会到女子预科中学教那些黑人女孩儿数学题。这里的女孩子很多都是被父母逼着来的。这些黑人父母把这个学校凤毛麟角的学习社团看作改变孩子未来的机会。最初，志愿者们的任务主要是辅导她们的数学作业，逐渐增加为给女孩儿们讲解难度高一些的趣味数学题。同龄人更容易沟通交流，也更接受把优秀的同龄人当作榜样。这些女孩儿把亨特高中的志愿者哥哥姐姐当成崇拜对象。有几天女儿因熬夜眼圈有点儿发黑，一个女孩儿羡慕地望着她说，我好想也有一副这样的黑眼圈！她的老师调侃说：那你得像姐姐一样足够努力哟！

女孩儿们渐渐地对数学产生了更大兴趣，由被动参加变成主动求知，她们的解题能力越来越高。在亨特志愿学生的帮助下，女子预科中学的数学代表队有史以来第一次参加了州里美国中学数学比赛（美国针对 6~8 年级学生举办的数学竞赛）。

女子预科中学数学队的前任队长也是一个女孩儿，工作认真负责且极富爱心。她深知那些黑人女孩儿生活和学习之不易，非常关心她离开之后数学队的生存和发展。女儿长期做她的助手，她非常了解凯特和她是一样的人，所以郑重地向老师推荐凯特接任队长一职。

临别时她跟凯特说："你知道这是一个既费力又没什么名分的差事，我不放心交给只想把它写进简历而又不做事的人。我希望女子预科中学的数学队一直办下去，越办越好。我知道你不会让我失望。"

女儿的确没有让她的学姐失望。在她的动员下，更多的志愿者参加了支教活动，女子预科中学出席数学队活动的女孩儿人数也增加了。亨特高中在上东城的 94 街，女子预科中学在下东城的 11 街，志愿者们每次都要在放学后的下班高峰期挤地铁赶往女子预科中学，活动结束再挤地铁返回上城。他们能够长年坚持，也是难能可贵。一次我去女子预科中学接女儿，看到跟她一起从学校出来的一群志愿者全都是男生。我问起来，女儿哈哈笑着说：对呀，你知道吗？那些女孩子对他们可着迷了！她们听哥哥们的课可认真了！

数学队的活动都是在课余时间进行，女子预科中学特地安排两个老师协助她们，还要增派保安人员。长年下来，对于本来就经费紧缺的学校来说这也是一笔不小的开支。有一天，女子预科中学的老师告诉凯特，考虑到经费压力，学校不打算让数学队活动再开办下去。消息走漏，数学队的女孩子们情绪马上低落下来。

女儿非常着急。她找到亨特高中的主管老师，提出建议从亨特高中的活动经费拨款帮助。老师也为那些女孩子感到惋惜，但因为学校的每一笔经费使用都要通过亨特学院董事会审定，她也没有什么更好的办法。女儿又找了几名志愿者商议，动员亨特数学队的同学们捐款，希望救助女子预科中学数学队。

事情传回女子预科中学校方，他们很受感动，表示一定想办法解决经费问题，支持数学队的活动长期开展下去。

女儿后来告诉我，这件事在她心里引起很大触动。贫富悬殊、阶级固化，早已是美国社会的痼疾。可是亲眼所见，连这么一点儿额外的教育经费都拿不出来，那些贫困家庭的黑人孩子争取多学点知识的权利都要被剥夺，还是让女儿难以置信。女儿想得很远：那些女孩儿有梦想吗？她们也想上一所好大学、将来有一份体面又挣钱的工作吗？在她们眼里，她们怎么看待自身，又是如何定义自己的“身份”？难道她们就应该上完中学，步她们父母的后尘，去做一小时 7.5 美元的工，甚至高中没毕业就辍学、怀孕生子？当自己的“身份”是某大学名校“精英”的时候，同龄的她们，“身份”已经成了孩子的妈妈？

由她们想到自己，女儿觉得自己何其幸运！

“我拥有那些女孩儿所没有的一切，怎么能因为一时的挫折就对自己的信念产生动摇，对自己的人生目标产生怀疑呢？”

心胸开阔了，视野也就开阔了。女儿进一步悟到，做女子预科中学的数学队队长，在同学们眼中虽然不如辩论队队长那么瞩目，写在简历上也不如辩论队队长那么亮丽，但自己肩上的责任更加重大，因为她的工作是帮助那些需要帮助的人，那些黑人女孩子与自己息息相关。她也明白了为什么交给她重任的学姐，本身已是响当当的亨特数学队队长，却还对女子预科中学数学队队长的位置如此看重。女儿认识到，在这里，她不用在乎别人怎么看她，她在乎的是自己能为那些女孩子做什么。她不需要像辩论队队长那样用别人的看法来证明自己是不是一个合格的领导者。最好的证明，是那些女孩子一天天的进步、她们对她表达的直接而单纯的爱戴，还有她自己内心真真切切的感受。在这个不起眼的职位上，她看到了自己的价值，她找到了真正的人生意义。

“我可以不是辩论女孩，我也可以不是哈佛女孩，但是，我追求卓越的目标不能动摇！”

女儿告诉我，两年来，她又经历了许多事情，有成功的喜悦，比如被哈佛录取、大学学业取得优异成绩、在哈佛学院咨询团和划艇代表队的成就，也有遇挫的失落，比如第一次申请哈佛学院咨询团被拒、与中学时最好的朋友之一分道扬镳，还有这次与病痛的缠斗。每一次，都促使她重新审视自己的内心，更深刻地思考内心那个“自我”，每一次都有新的感悟。

到了哈佛，每个女孩子都是哈佛女孩，这个身份标签还有什么特别？很多人知道她参加了哈佛学院咨询团，另一些人知道她参加了划艇代表队。这在哈佛这样的精英学府里是两个令人骄傲的“身份”标签。但女儿说，这些身份对她来说，不再代表什么。即便她在哈佛学院咨询团跃级升为项目团队负责人，接着进入领导层，她都波澜不惊。她说：“我知道我是谁。不管别人怎么定义我，也不管将来我从事什么职业，‘身份’如何变换，我心中的那个‘我’永远不会改变。”

我为女儿的成长而高兴。但是我也知道，一切都只是开始，每一天都是一个新的开始。一个人从出生那天起，就开启了不断追求自我、不断完善自我的漫长旅程。我们不会满足，我们的脚步不会停下来，思考就不会停下来。这个过程有高峰，也有低谷，不断循环往复。就像每一场划艇比赛，也许会一帆风顺，也许会斜雨横风，谁也无法预料输赢。人与人的区别在于如何面对失败和挫折，有的人会沮丧、愤怒、归罪于他人，也有的人会陷落、沉沦、一蹶不振。而优秀的人，会尽快完成自我修复，重新出发。他们的信念足够坚定，无论别人否定与否，无论别人如何用成败界定自己，那个“我”永远不会倒下。他们承认自己的不完美，但他们绝不会放弃对完美的追求。我又想起了女儿的那首获奖诗的名字：不完美——我的奏鸣曲。我相信女儿会在对自我探索的不断思考中，完成一次次从不完美到完美的历练，完成人生旅程一个个更高的升华。

两代人：不一样的世界

*

有一种说法：父母是孩子人生中第一个老师。身为父母，我们总是有意无意地在子女成长的过程中把自己的价值观、人生观和世界观灌输给他们，形成他们对这个陌生而宏大的世界的最初认识。在过去，这些认识大多是借助父母和老师的教诲以及大人们身体力行的影响。孩子们也会在成长的过程中，从学校或社会的其他途径接触到相同或不同的价值观、人生观和世界观，并学会用自己的思想认同或修正父母强加或自然传递给他们的东西，逐渐形成自己成熟的看法。有些价值观是人类共同拥有的，许多传统美德是东西方共通的，但有些价值观却因不同的社会体制而互异，或因时代发展而改变。年轻一代传承着老一辈优秀的价值观、人生观和世界观，同时淘汰其中落后、过时的成分。这种传承和以新代旧的过程时常伴随着对抗和痛苦,形成所谓的“代沟”，正是这一代又一代的“代沟”，促进人类的进化和向更高级社会发展。在当今瞬息万变的信息化时代，无所不在的互联网对孩子们的影响使这种修正或对抗来得更早、力度更大，让父母们更加感到力不从心。两代人眼中的世界越来越不一样，新旧思想的碰撞日趋激烈，父母们在努力维护传统观念与无奈接受孩子们的新观念间艰难地寻找着平衡。

对于像我们家这样的移民家庭来说，两代人之间横亘的不只是年代的鸿沟，更是中美两种不同文化的巨大差异。女儿年幼的时候，没有辨识能力和质疑能力，对我们讲的东西和幼儿园、小学里学的东西兼收并蓄，就像中午在幼儿园吃三明治配青豆，晚上回家吃面条米饭一样。但随着她一天天长大慢慢懂事，有时候就会发生两种观念相抵的情况，给女儿的认知造成了某种程度的困扰：父母和老师，究竟哪个说得对？渐渐地，女儿练就了自己的应对能力，就像她在外讲英语、在家说汉语一样，她在两种不同文化间自如切换，知道什么事情该听老师的，什么事情该听妈妈的。我们不知道，究竟哪些中华传统文化会在她心中留下根深蒂固的印记，也不知道在她未来漫长的人生道路上，我们教给她的东西是会化作她的智慧还是会成为她的羁绊。就像我们家的饮食习惯养得她有一个“中国胃”，无法享受典型的西方食物奶酪一样。

比如前面说到的谦虚谨慎的话题，美国社会张扬自我的文化，推动了科技创新和社会进步，但是很多美国孩子给人的感觉是过于骄傲自负，有时甚至是狂妄傲慢。而华人一味讲求谦虚低调，则会限制个人发展空间，错失机会，是会吃亏的。在竞争激烈的美国职场上，华人为此屡屡遭遇“玻璃天花板”。我和妻子在鼓励女儿在课堂上勇敢发言的同时，跟她解释谦虚和勇于表现并不矛盾。在展现自己的自信和聪慧的同时保持谦虚的态度，即便提出不同的观点或纠正别人的错误答案，也不要锋芒毕露，不要心存一丝对老师的不敬或对同学的不屑。多年以来，女儿在积极进取的同时，一直保持着谦虚的美德，这为她赢得了老师的喜爱和同学的尊敬，也为她赢得了众多的朋友。

我们教给孩子的东西，很多来自自己的切身经历，这些经验或教训也许修正或反叛了我们的父辈灌输给我们的观念。例如在如何交朋友的问题上，我的体会最深。小时候，父母不支持我交朋友，限制我与同学们来往，不准我去同学家玩，不许我在朋友家吃饭，也不让我带朋友到我家来，使我总是与朋友之间保持距离，无法发展成亲密好友。我经常为此感到尴尬、无奈和孤独。这影响了我的性格，造成了我一定程度的人际交往障碍，也一定无益于我的成功。

我和妻子认为，父母的交友观对孩子的一生有着重要的影响，我们极力鼓励女儿多交朋友，支持女儿多与同学互动，邀请她的朋友来我们家玩儿、一起做功课。每次女儿的朋友来家里，妻子都会为她们准备丰盛可口的饭菜。我们这样做一是我小时候的切身之痛，二是我们在美国没有什么社会关系，能够给予女儿的资源有限，希望女儿通过多交朋友，接触和了解主流文化，更好地融入主流社会。我们也知道，同龄人之间更容易交心，更利于他们互相排忧解惑，远离孤独，培养积极向上、乐观开朗的性格。只是我们对女儿有一条硬性规定：不准在同学家过夜。就因为这条限制，女儿和妻子还闹了几次不快。

小时候，我的父母还交代不要跟所谓的坏孩子、学习不好的孩子做朋友。待我上了中学，就不再把他们的清规戒律奉为圭臬。除了对个别的谁都想欺负的“恶霸”同学避而远之，对其他学习不好的、“落后”的或爱惹麻烦捣乱的同学，我从不戴有色眼镜看他们，而是以诚相待，能帮助的还要帮助。当然他们做坏事我绝对不会同流合污。其实跟他们交往深了，会发现他们大多都是心地善良、重情重义的人，我跟其中的两个同学成了几十年的朋友。高中毕业下乡后，有些人寻机报复当年的班级干部，有这些“坏朋友”在身边保护我，我从来没有被人欺负过。

其实做父母的并不知道，最不好交的朋友是跟你一样学习优秀、竞争意识过于强烈的同学。这一现象在华人集中的纽约明星高中尤为明显，女儿曾为此困惑不解。有些华人的孩子在父母的告诫下，互相之间存有戒心，甚至把对方视为对手，很难做到以诚相待，更别奢望成为交心的朋友。

我和妻子教导女儿，不要以某种标准刻意地选择朋友，而应听从心灵直觉地呼唤。不管与什么人做朋友，一定要让自己感到舒服、轻松。朋友之间不管是互相帮助，还是互相付出，都应该是自然的，不能有任何功利考量，也不能计较得失。

有时候，因为转学或升入不同的学校，原来的好朋友渐渐疏远了，也有好朋友因各种原因与女儿分手了，每当这个时候，女儿都会感到伤感。我们让女儿明白，有些友谊是不能永恒的。人的一生会不断地失去旧朋友，交到新朋友。有时候是因为你们其中一方的问题，有时候不是你们任何人的错。要珍惜每一段友谊，但也不要为一个朋友的离去而悲观甚至自责。同时，友谊应该是积极的、正面的，既要关心朋友，也不能被朋友的负面因素所累。

随着女儿一天天长大，“朋友”这个话题越来越多地出现在我们和女儿的交谈中。她的交友观一天天成熟，有时她的看法对我和妻子也颇有启发。比如在美国这个多元文化的社会，不要对任何人、任何族裔、任何家庭背景的人带有成见、先入为主。比如不要求朋友都是完美的，没有人是完美的，包括自己。只要这个人人品没问题、性格没有严重缺陷，要学会忍受他们的缺点。再比如大方承认永远有比自己更优秀的人，真诚谦卑地拥抱他们，从他们的友谊中汲取积极向上的力量。

友谊一路伴随着女儿成长。进入大学以后，女儿在交友方面越来越自信，朋友圈越来越大。在认识新朋友的同时，保持着老朋友的长久友谊，她最好的闺蜜，是她高中时的印度裔同学。尽管两个人不在一个城市，远隔千里，但她们几乎天天通电话，短信联系更是每时每刻。谈校园生活、谈学习、分享开心的事情，倾诉烦恼，吐槽不快。她的哈佛好朋友圈，真正代表了哈佛强调的多元文化，他们来自不同阶级的家庭，有亚裔，有白人，有黑人，也有同性恋群体。她的宿舍是最受同学们喜欢的地方，她暑期实习时在曼哈顿租住的小小公寓，也是各地来纽约的朋友经常聚会的地方。

我思考过美国中小学教育有什么不一样的地方。从他们贯穿始终所提倡的批判性思维，他们深刻的人文历史课程，他们强调的个性化、多样性、社区服务，到五花八门的课外活动、各种社团，美国教育培养孩子们早早地成为社会人。在他们达到有选举权的年龄之前，已经对自己身处的世界有了初步的认知，对社会上的许多问题和事件有了自己的看法。记得 2004 年美国总统选举时，女儿正上小学一年级，学校也组织了模拟投票，让几岁的孩子们选出自己喜欢的总统。女儿投了竞选连任的乔治·布什，而我和妻子更属意民主党候选人约翰·克里。妻子问女儿为什么要选布什，女儿奶声奶气地说："克里的脸那么长，我不喜欢！"逗得我和妻子笑弯了腰。

父母的政治观点和对社会上一些问题的看法，也会影响孩子的认知。有时候饭桌上一句无意的评论，都可能在孩子的心里播下一颗思想的种子。有时候我们也有意引导她关注一些社会思潮或现象。前几年纽约发生了一起华裔警官彼得·梁夜间执勤误杀黑人事件。菜鸟警察彼得·梁与搭档在布鲁克林一栋黑人聚居的政府廉租公寓楼执勤，那一带是有名的治安黑点，刑事案件频发。

当时楼梯间的灯泡坏了，黑暗中一对黑人情侣突然推门而入，高度戒备状态下的两名警察受到惊吓，本能地掏出佩枪，紧张中彼得·梁的手枪走火，子弹射到墙上又反弹回来将黑人男青年射杀。事发前的一段时间，美国多地发生了警察执法时杀死黑人嫌犯事件，引起了黑人群体的强烈反弹，发起了声势浩大的“黑人的命也是命”抗议活动。在这个背景下，法庭选出的大陪审团裁定起诉彼得·梁，身为黑人的布鲁克林地区检察官对其控以二级谋杀罪，主流舆论纷纷认定他必获重判无疑。

华人社区认为，彼得·梁的华裔身份使他成为民众反对警察暴力执法的牺牲品，而纽约市警方对那些明显执法过度的白人警员包庇脱罪，却任由彼得·梁成为替罪羊而保持沉默，对彼得·梁的起诉是双重标准。华人社区领袖号召广大华裔民众共同为公平公正发声，为彼得·梁请命，为自己族群的利益抗争。成千上万的纽约华人上街游行集会，同是少数族裔的华人和黑人处于一个尴尬的局面。华人社区内部也分化为两派，在互联网上互相反驳对方的观点，火药味十足。

我和妻子有意把女儿拉入对彼得·梁案情的关注，也跟她讨论她从主流媒体获得的观点。法庭最终判决结果，彼得·梁二级谋杀罪不成立，只判罚他社区服务。女儿通过对这个事件的全程观察，对美国的少数族裔、警民冲突、法律正义等社会问题有了更深层次的思考。

我们总是说“教育孩子”，其实教育是双向的，父母在教育孩子的过程中，会与他们在学校或在同龄人那里接受的观念发生碰撞，这些碰撞也会引起父母们的思考。我们也会受到孩子们新观念的影响，而使自己固有的观念发生潜移默化的转变。女儿认为，有些群体除了自我身份认同与我们不同，其他所有的都跟我们一样，有生存的权利。他们一样上学、工作、为社会创造价值，他们一样有感情、有爱、有悲伤。他们没有妨碍任何人，他们应该跟所有人一样受到尊重！

女儿与我不同的观点常引得我和妻子目瞪口呆，更让我们吃惊的是她对这件事、也许还有很多事有如此深刻的想法。所以我不禁好奇：她在学校里都接受了什么样的教育？她脑子里还有多少让我们这种“封建遗老”惊掉下巴的新思想？当这样观念上的碰撞出现后，我开始意识到：父母的教育对子女价值观的影响也许是有限的。

女儿的观点让我对自己的传统观念产生了动摇。是不是我们真的跟不上时代潮流、真的落后了？我开始有意识地关注关于女儿提到的观点的探讨和争论，试图让自己以平和的心态接受这些。科技创新和经济繁荣推动人类文明越来越进步，也促使人们越来越包容多元文化，每个人的思想和行为也都在发生连我们自己都难以察觉的变化。对于不同于自己的群体，也许我们不能认同他们的一些行为，但可以给他们最基本的尊重。

“你该大声说出来！”

*

十二年级伊始，女儿的好消息一个接一个传来，不断丰富着她的简历栏目。

她的所有美国大学预修课程都取得了最高分，获得全国大学预修课程优秀奖。

尤其锦上添花的是，女儿获选进入美国优秀学生奖学金（也有译作国家荣誉学者奖）半决赛名单。

美国优秀学生奖学金评选是每年一度最重大的全国范围优秀高中毕业生评选活动。全美每年约 150 万名高中毕业生中会有 8200 名最终获奖者，其中的 2500 人每人获发 2500 美元的奖学金。奖学金数额虽不大，却是美国优秀高中毕业生的最高荣誉。它要经过长达一年半的层层选拔，参加者要首先获得 PSAT（相当于美国优秀学生奖学金入围考试）高分。进入半决赛后，参加者还要提供 GPA（学校平时成绩）、学校课程及计分方法（考察所学课程深度）、SAT 成绩、课外活动及领导能力、论文及校长推荐信。这几乎相当于大学录取所需要提供的所有内容。组委会会在智力能力、技能和成就三方面对半决赛入围者进行考核，从中选出奖学金获得者。这些最终获奖者看起来有点儿像中国的“全国三好学生”。有些富有家庭的孩子，为了获得这个奖学金，不惜花费近一万美元参加暑期的SAT训练课程，以使自己跻身SAT预考高分之列。可见高中生和家长们把这份荣誉看得有多重。

这项奖学金的评选标准，与常春藤等大学名校的录取标准高度重合，获奖者相当于得到了第三方认证，被名校录取的概率极大。同时，一所高中获得此项奖学金的毕业生数量多少，也是衡量这个学校教学水平的重要指标；一所大学录取的新生获得此项奖学金人数的多少，对这所大学也同样具有指标意义。即便在大学招生的提前录取阶段美国优秀学生还没有决出最后获奖名单，那些名校也倾向于录取多一些半决赛入围者。历届美国优秀学生奖学金获得者名单中，有多名后来成为诺贝尔奖得主，也不乏比尔·盖茨、贝佐斯这样的名人。

十月底，就是提前录取申请人向大学提交个人材料的最后期限。离这个日子越来越近了，女儿却出奇地平静，起码表面上看起来是这样。反倒是妻子，越来越沉不住气，一天比一天紧张。

自从妻子意识到女儿真的把申请哈佛作为第一目标并且一步步付诸行动的那一天起，一种躁动和焦虑就一直伴随着她。她为女儿的选择感到骄傲、感到兴奋，也感受到从未体验过的伴随着兴奋的担忧。担忧让妻子到了恐慌的地步，同时也意想不到地引发了她的反思：万一女儿没有被哈佛录取，她会怎么样？她会像听说过的个别孩子那样崩溃吗？我会怎么样？我们这些年对女儿的教育是否用力过了头儿？是否对女儿的期许过高，也让女儿的自我期许过高，以至于当女儿的自我期许超过了我们对她的期许时，我们反倒难以接受？

妻子意识到，追求卓越已经成为刻在女儿身上的烙印，成为推动她向一个个更高目标不停前进的动力。自己眼下希望的，反倒是让她的脚步慢下来，让她把自我期许调整到切合实际的高度，以平常心面对胜负，荣辱不惊。

暑期考察女儿的潜在目标大学时，我们两个心照不宣地引导女儿把视线放在哈佛之外的其他几所藤校上。我们的路线先是朝南，去了普林斯顿大学和宾夕法尼亚大学。女儿很喜欢普林斯顿优美的校园环境，对宾夕法尼亚大学朝气蓬勃的年轻人氛围印象深刻，但是她的赞叹声中好像还有一点儿保留。我们接着去了斯沃斯摩尔学院，一个非常优秀的小型文理学院。这里精巧雅致的校园景色深深吸引了我，我跟妻子说真希望退休后能住在这里生活到老。女儿附和的赞美中流露出了一丝惋惜，我明白她的心思不在这里。下一站同样是一所小型文理学院，女儿干脆放弃不去了。

西北方向我们去了康奈尔大学。我感觉康奈尔大学更像英国乡间的一座庄园，空旷而宁静，却缺少点儿年轻人喜欢的骚动。

之后我们直奔东北方去了耶鲁大学。说实话，在当时，耶鲁的校园是我所见过的最喜欢的大学校园。我为它的青石建筑的质感着迷，为它的哥特式建筑风格着迷。我觉得耶鲁的校园最能体现西方最高学府的古老、神秘、深邃，最具有厚重的人文气息。我几乎在每一栋建筑前驻足良久，滔滔不绝地向女儿灌输我的倾向。妻子也附和说，耶鲁大学比其他名校更青睐亨特高中的学生，两所名校是天造地设的绝配。

我们的最后一站是哈佛。

我把车停在昆西大街哈佛艺术博物馆对面，穿过门头上镶有“H”徽记的镂花黑铸铁门，我们走进有名的“哈佛大院”。高大的橡树冠掩映着“哈佛红”的楼群，在炽热阳光的照射下，墙红树绿，对比度强烈得有点儿失真。我们从著名的怀德纳图书馆高高的台阶前走过，哈佛园大草坪浓密的树荫下，零零落落几个年轻人或坐或卧。那种慵懒的感觉，十分贴合我当时看客的心境。我举起相机，对着那尊皮鞋被崇拜的访客们摸得锃亮的哈佛先生塑像拍了张照片。取景框中，画面中的一切都显得格外遥远。谁能想到，我身后咫尺之外霍利斯楼的那扇大门，一年之后，我将拖着女儿的行李箱从那里走进去，女儿将在那里开始她的大学新生生活。

尽管徜徉在任何一所名校绿荫下的感觉都是一样惬意，尽管我和妻子对那些同样优秀的大学用了不知多少溢美之词，但都不能让女儿的哈佛梦有丝毫游移。回纽约的路上，女儿像是对我们宣示似的一字一顿说道："爸爸妈妈，我知道你们的意思。你们什么都不用说了，我意已决！"

透过后视镜，我看到女儿侧脸望向新英格兰广袤的田野，嘴角挂着微笑。那微笑，是憧憬、向往、信念，还是预见到了甜蜜的结局？

在递交给大学的个人申请材料中，高中老师的推荐信起着举足轻重的作用。力度不够，自然影响招生官对你的评判；用力过猛，让招生官看出或怀疑推荐信有虚假粉饰成分，反倒要扣分。美国的高中不像中国的学校有班主任，在几年之中教过你的众多老师中挑选哪一位为你写这封信，也是一个颇费思量的事情。同样，接受写推荐信请求的老师也会十分慎重地对待这件事，学生要给他提交自己所有的成绩单、获奖记录和课外活动情况。妻子在跟女儿斟酌这个老师人选时，强调说一定要挑选对自己的学习和表现有足够切实和全面了解的老师，确保他的推荐信准确、具体、生动地将女儿的优点和独特之处展示给大学，而不会有空洞乏物之虞或过誉抬美之嫌。

女儿挑选了她的英语老师卢南博士和科学老师 K 先生，这两位老师都曾在初中和高中各教过她两年课，对她在该学科的学习认知能力和学习态度知之甚深。同时，英语老师卢南博士对凯特在英语教研组分管的写作中心做学生导师的负责精神印象深刻，女儿获得学乐艺术和写作全国金奖也让他非常引以为傲；科学老师 K 先生作为新生导师活动的主管老师，更是亲眼见证了女儿任职新生导师两年来的出色表现。

新生导师是美国中学的一种学生辅导员活动，被选为新生导师的学生从十一年级起，在课余时间辅导那些不能很快适应新学习环境的七八年级新生。新生导师要兼具较高的知识水平、沟通能力、富有爱心、耐心和牺牲精神。对优秀高中生来说，新生导师代表着极高的荣誉，很多人从九年级起就期盼入选新生导师。成为新生导师也十分不易，报名者必须经过上两届新生导师组成的选拔小组面试，再由老师组成的审定小组选出最终名单。

作为对凯特新生导师工作的极大认可，K 先生曾经给予她特别奖赏——给她分派了两名需要特别辅导的学妹，对她们进行一对一帮扶。女儿欣然接受了这项额外任务，占用了自己更多课余时间，从同龄人的角度对那两个同学循循善诱，耐心指导，使她们的成绩在短短一个学期内就取得了明显进步。

不难断定，两位老师推荐信中的凯特，一定给招生官留下了深刻印象。

一切申请材料准备齐全，交由亨特高中的分管升学顾问审核无误后，最后提交给申请的相关大学。

申请大学时需要递交的简历上，除了靓丽的 GPA 和 SAT(ACT) 分数，申请者都会尽可能多地罗列自己的美国大学预修课程成绩、特殊学科成就、各种奖项、运动/才艺特长、社区服务及领导力等内容，争取进入招生官的第一轮入选名单。很多人发愁的是自己的简历内容不够丰满，而女儿的烦恼则是囿于栏目的限制，有太多的东西难以取舍。女儿的升学顾问一边翻阅着她的简历，一边在电脑中调看着她的档案，丝毫不再保持自己一向的矜持，她破例告诉凯特：“我不能具体说你是第一名或是第二名，但是我可以告诉你，你绝对是在前五名里面！”然后问道，“你决定把哪所学校作为你的首选了吗？”

女儿红着脸回答：“哈佛……”

她的声音有点儿低。

“你应该大声说出来！”这位老师鼓励她说。

“哈佛！”女儿大声重复道，挺起胸膛。

面试官……“日本人？！”

*

申请材料提交了，等待开始了。

藤校大学录取过程中，申请人唯一能够现场亲身体验的环节，是见面试官。

由于申请者众多，每年藤校都会安排他们遍布世界各地的校友对初步筛选出来的当地优秀申请人进行面试。面试官会将他们对面试对象的真实直观感受写成面试报告提交给大学招生办公室。面试的重要性不言而喻，许多高中毕业生为应对面试做足了准备功夫，力求在面试官前展示自己的一切优点，给面试官留下深刻印象。而面试官与面试对象配对的随机性，面试官提问的不可预见性，更给这种面试增添了某些神秘色彩，让不少学生在接到面试官打来电话那一刻起几天都会坐立难安。

去年我看到过一篇采访哈佛大学中国区面试官汤玫捷的文章，汤玫捷说道，在面试官眼里，面试对象“没有合格不合格，只有合适不合适”。“在面试中展现真实的自我”才是最能打动面试官的，“往往学生们极力推销的并不是我看中的，而他们忽略的细节却最能打动我”。我想，也许面试的真正目的，是让大学把申请人近乎完美的包装撕开一个角，看一看简历里面所描述的跟面前坐的这个活生生的人是否相符。

一般来说，申请材料递交一个月左右会得到面试通知。然而刚过两个星期女儿就收到了面试官的邮件，约定面试时间、地点。女儿又激动又紧张，立刻上网搜索面试官的个人信息。这位面试官是位女士，像大多数哈佛校友一样，她事业有成，是曼哈顿一家颇具规模的律师事务所的合伙人。

然而，其中一条信息却引致了妻子的恐慌：这位面试官是一位日本裔美国人。

“日本人！”

在妻子脑海里，“日本裔美国人”一下子简化成了“日本人”。

日本人！几十年所受到的教育，中日两国间上百年的恩怨情仇，尤其是现代史上侵华日军对中国人民的蹂躏，深深地刻在我们这代人的记忆中，甚至在很多人的认知里形成了对所有日本人的成见，以至于远在一万千米外的美国，也让我们谈“日”色变。

而在女儿眼里，不管日裔、华裔、印度裔，他们都是美国人。

关键的是，她是“哈佛人”！哈佛校友多是成功人士，他们都以感恩的态度努力回馈母校，把母校的名誉看得重于一切，对母校的委托理当出于公心，尽心尽责，为母校寻找像自己那样优秀的人才，让哈佛精神代代相传。

尽管女儿一再宽慰，妻子还是放心不下。她的不停念叨，反倒无形中让女儿徒增一分紧张。

面试时间约在女儿下午放学后，地点就在亨特高中附近街角的一间餐厅。

面试是一对一的，家长自然不能陪伴在侧。但是在这种重要时刻，我们家那位沉不住气的“虎妈”能稳坐家中吗？

她要亲临前线侦察！

我开车来到曼哈顿，沿着那间餐厅所在的街道慢慢开过去。妻子要去观察一下面试官面相如何（友善与否）、态度怎样（高兴、严肃还是平淡），还要看看女儿的表现。她坐在我旁边的首长专座上，进入临战前的亢奋状态。

餐厅临街一面的裙墙漆成厚重的深咖啡色，地面 60 厘米以上，澄明的大玻璃窗一路延伸到街道拐角处。妻子一下子捕捉到了目标！女儿面对着我们与面试官倚窗而坐，铺着洁白桌布的圆桌上摆着两套精致的杯碟。女儿正面带微笑，向面试官讲述着什么。如果此时女儿朝外望一眼，必定将与妻子四目相对。那势必会让女儿分心，甚至引致她的慌乱！突然意识到这一点，妻子慌忙缩身往下滑去，同时对我叫道：“趴下！别让她们看到了！”我下意识地低下头，立即反应过来她的“命令”有多么荒唐！我正开车呢！

慌乱之际，妻子仍不忘回首朝面试官望去。她看到面试官面露和蔼的笑容，一边专注地听着凯特讲述，一边在膝头上的小本子上记着什么。

妻子仍放心不下，我们又从相反方向绕着餐厅转了一圈。两人笑脸依旧，气氛还是那么祥和，好像还多了几分热烈。

车子再一次绕过街角，妻子才忘乎所以地大笑起来。她也悟过来刚才让我趴下有多么可笑，笑得眼泪都流出来了。其实她这么开怀主要是因为她看到了女儿和面试官两人相谈甚欢，看到了面试官脸上赞许的表情，看到了女儿自信的神色。

我们把车停在亨特高中旁的街边，等着接女儿回家。尽管侦察到了刚才祥和的一幕，但对里面具体发生了什么，面试官女士提了些什么问题，女儿的回答妥帖不妥帖，我们心里一点儿数都没有，我们的心一直悬着。妻子更是坐卧不安，一会儿说怎么还没完啊，急不可待地盼着女儿过来汇报面试情况，一会儿又祈望面试不要这么快结束。因为她听说如果面试时间太短，通常意味着面试官对被面试人失去了兴趣。

我和妻子在煎熬中等待了一个小时，在惊吓中数着每一分每一秒。

一个小时后，女儿上了车。正巧，那位面试官穿过马路，从我们车前的人行横道向下城方向走去。我们清楚地看到，她的脸上还挂着微笑。她看上去就像普通邻家穿着考究的主妇，一点儿没有某些精英人士的傲慢和冷漠。

女儿对面试感觉极好，告诉我们面试官多么友好，让她很快忘掉了紧张，渐入佳境，两个人就像唠家常一样，气氛轻松愉快。女儿觉得每个问题她回答得都很圆满。

女儿三言两语汇报完了。妻子问：“就这些？”

女儿说：“就这些。”

妻子问：“有没有什么她觉得特别感兴趣的地方？”

女儿想了想说：“就是当我说起在女子预科中学的经历时，她饶有兴致地问我带领的数学队志愿者是不是都是女孩儿。我回答都是男孩儿，她以惊讶的口气说：‘都是男孩儿！了不起！你一个女孩子，他们听你的吗？不调皮捣蛋吗？’我说：‘没问题的。其实男生更好管，只要想办法把每个人的积极性都调动起来就好了。我要每个人都参与一起商讨课程内容，一起制订计划。而且在那里，每个人都知道自己是在帮助别人，也都明白自己是那些女孩子的表率，所以我这个队长当起来很简单。无非就是带个头儿，自己多做一点儿。’她听了展现出不可思议的笑容，连连说‘了不起！了不起！’。”

汤玫捷谈起对“领导力”的理解时，给出了一个“非典型”的答案——“领导力其实并不一定是成为国家领导人或首席执行官，甚至不一定是在金钱和社会地位意义上的成功，它其实是关于一个人是否有力量去坚持一个生活中的信念或爱好，是否有激情去感染身边的人，是否有勇气去提出和推动一个积极的改变，是否有胆识在一群人中有所担当。”

女儿的面试官当时是否也是这样看凯特？

妻子回味着女儿的叙述，想到刚才面试官走过时脸上的微笑，她说：“看样子面试效果不错，你看她走了几条街还一脸笑盈盈的，说明她一直还沉浸在你们美好的谈话之中。”

是的，就像汤玫捷说的那样：“完美的面试就像一次美妙的约会，它是会产生火花的。你们能够被彼此的观点启发，发现令人兴奋的事情并且有真诚的情感交流。”汤玫捷和她的搭档常常在结束一个很棒的面试后，感叹他们已经“爱上”了这个学生。

那个“日本人”的概念早已在妻子的脑海里消失得无影无踪。

车子刚刚起步，妻子突然又问女儿：“她没有说什么暗示性的话，或者带主观倾向性的话，比如相信你或祝福你能进哈佛之类？”

我说：“人家肯定有规定不能讲这样的话嘛！”

女儿又思忖片刻，说：“到最后她只说了句‘不管去哪个大学，我认为你都准备好了’。”

这句话，又让妻子品味良久：到底是“你准备好了，包括哈佛”，还是“即使哈佛没有录取，你也一定可以上其他名校”？

这句话，很关键，妻子翻来覆去品味了几个星期。

悬着的心，还是在悬着。

“我拿到了！我拿到了！”

*

大学申请季，是每个学生家长难以逃避的磨难期，漫长难熬。说再多“平常心”之类的自我宽慰或互相宽慰的话，都是自欺欺人。同时有些话又不能说，聊天的时候谨慎地挑选用词，避开雷区。有时人们依然会莫名地发火、无端地攻击。

每当妻子发过火，马上就感到内疚、自责。

女儿还是一副气定神闲的模样，但她明显比平日缺了耐心。

有时候我会想：申请大学，究竟是孩子的事，还是父母的事？

孩子的压力，是来自她自己，还是来自我们？

我们的压力，是来自孩子的事，还是来自我们自己内心？

十二月十日，星期四。

六点钟，大地万物还都裹在冬日黎明的混沌中，半条街外，长岛高速公路上巨型卡车的轰鸣声已经宣告新的一天开始了。

对那些早起的上班族和学生族来说，这只不过是又一个寻常的日子，忙碌的日子。

而对上万名申请哈佛大学提前录取资格的学子来说，这一天却是决定命运的时刻：下午五点，哈佛大学的录取结果就要揭晓了！

心如撞鹿、翘首以待、心驰神往、忐忑不安、如坐针毡……没有一个词语可以精确概括这些学生和家长此刻的心情，多少人也许昨夜未合一眼，期待又害怕这一时刻的到来。谁都祈愿自己是那个幸运儿，谁也害怕成为那个落选者！

女儿临出门前，妻子又重复了一遍前一晚约定的“规矩”：下午放学我们会去接她，到家以前不许打开电脑查看录取结果。这样做是为了万一女儿没获录取情绪失控，在家里比较好收拾局面。然而同时妻子又坏了另一个约定：不再说鼓励打气的话。她忍不住又开口道：“不管结果是什么，我们都……”

女儿罕见地打断妻子的话说：“到现在你还这样说？你就是对我没信心！”她赌气地把双肩书包扔在地上。

门外等待的汽车短促地响了一下喇叭，妻子赶忙说着“有信心有信心”，弯腰捡起书包，为女儿打开了门。望着车身消失在朦胧晨色中，妻子靠在椅子上长长地叹了一口气。

上午我要赴约去见一个客户，我答应妻子早点儿回来接上她一起去女儿学校。

一路上，我都在为一个念头纠结：要不要为女儿买一束鲜花准备着。来美国这么多年了，我还是不太习惯手捧一束鲜花走在大街上。前一年在林肯中心看女儿的演奏会，落座以后，看到身旁的几个家长手中拿着花束，妻子埋怨说今天女儿的演奏是重头戏，我却空手而来。我冲出演奏大厅，跑了三条街，几乎到了哥伦布圆环，才买到了一束鲜花。当我赶回林肯中心时，女儿的演奏刚刚开始，中心的管理人员不允许在演奏进行时进出大厅，我只好手捧鲜花站在门外听完了女儿的演奏。

我决定买。

我想好了，女儿获知录取喜讯的那一刻，再也没有比一束光彩夺目、芳香洋溢的鲜花更能烘托喜庆气氛了。我会把花藏在汽车后备厢里。万一不是好消息，我会找个时间悄悄把它丢掉。但是我告诉自己，这束鲜花一定派得上用场！

买什么花好呢？最先吸引我的是那些“百花配”，姹紫嫣红，热烈奔放。哦，不！在有些事情上，妻子是一个十分迷信的人。这一束花里有紫色的薰衣草，“紫气东来”，好意头！可是有些时候紫色也有不讨喜的意义。那一束花里有黄色的雏菊，“飞黄腾达”！也不行，黄色会联想到“黄了”！我犹豫再三，拿不定主意。最后，我干脆选了一大束红玫瑰，万无一失！

我仓促结束了与客户的会面，剩下的时间，我无心再做任何事情。我把车停在路边，打开收音机，想听听新闻分散一下自己的焦虑，但是我发现自己无法听明白电台主持人在说些什么。我调到音乐频道，平时能让我呼吸放缓的古典曲，此时听起来却像刺耳的噪声。车里的暖气让我感觉呼吸困难，我摇下车窗，一阵寒气扑面袭来，吹散了我纷乱的思绪。我自问，一向以淡定从容自诩的自己今天怎么了？今天，对于女儿，对于我和妻子，难道真的是决定命运的时刻吗？

我想起妻子跟我说起的一个场景。当年与女儿一起在亨特冲刺补习班的一个同学，模拟考试总是名列前茅，却在亨特高中入学考试中落榜。有一天，妻子在巴士上和这个同学的妈妈相遇，那位母亲顿时面红耳赤，尴尬地跟妻子解释着诉说着，好像她的孩子做了什么天大的错事，让她跟着颜面扫地。妻子跟我说起时不胜唏嘘，何以错失一次进入名校的机会就像世界末日来临一般！

妻子真诚地安慰她说：你的孩子真的很聪明，一次成败说明不了什么，是金子总会发光，接下来不是还有特殊高中的考试机会吗？继续加油！

两年后，两人又一次偶遇，这位母亲恢复了春风满面，她的女儿果真考上了一所知名特殊高中。她拉着妻子的手，对妻子在她落寞之际给予的支持和鼓励表达由衷的感激之情。

今天呢？谁想听那些心灵鸡汤（陈词滥调）呢？

可是真的只有哈佛，才是定义成功与否的分水岭吗？

乐观主义和悲观主义在我脑海里交锋。我想到了最坏结果：也许会有一场难以想象的巨大风暴。

风暴过后，太阳照常升起！

我和妻子早早地等在亨特高中的街边。沉默。车里，空气异常厚重。

四点五十分，后边的车门“砰”的一声打开了，把脑袋一片空白的我和妻子都吓了一跳。

是女儿。她一声不响地坐上车，妻子强做笑脸跟女儿打了个招呼。我机械地挂倒挡，退了几厘米，换前进挡，向左打方向盘，往前滑一点，再挂倒挡，向右打方向盘，想把车从逼仄的空间挪出去。尽管我眼睛盯着面前的电子倒车显示屏，车尾还是“哐”的一声轻轻碰上了后面的车。虽然在停车位极度稀缺的曼哈顿，这都不算个事儿，但这是我这个有二十多年驾龄的老手不该露的怯。平日对我的驾车习惯诸多挑剔的妻子，此时居然一声不吭。

车子拐过东 94 街，沿着三大道向北驶去。静极了，只能听到车轮在水泥路面上摩擦的沙沙声。我瞥了一眼后视镜，女儿一向生动的脸蛋儿僵硬得像具蜡像。

我又瞥了一眼车上的石英钟：五点。

女儿开口了：“妈妈，我们真的要等到家才能打开电脑吗？”

我抢在妻子前答道：“对！”

女儿不满地发出“切”的一声。

我向妻子望去，正好与她缥缈的眼神相遇：最爱做决策的她此刻没了定夺。

五点五分，我拐上了东 125 街。下班高峰时段，东向的三条车道，塞得满满的车流慢慢朝前移动着。

“叮”的一声响，像一枚缝衣针落在空旷大屋的水泥地上。女儿的手机有一条短信。女儿轻声说：M 被哈佛延迟决定（延至普通录取时再予考虑）了！

M 是女儿的朋友，哈佛也是 M 的首选。

我和妻子都不作声。我右边脑门的一条血管通通直跳。

前面还有三部车就是二大道了，红灯。过了这个路口，就可以直上连接皇后区高速公路的罗伯特·肯尼迪大桥了。

女儿又开口了，她带着央求的口吻说：“妈妈，我想现在打开邮箱可以吗？”

妻子一边用求助的眼光看着我，一边犹豫地说：“那——好——吧……”

我踩在刹车板上的脚软了，右腿微微地打颤。我的呼吸停顿了。

绿灯亮了。我缓缓松开脚，车向前滑动。

“耶——！”一声歇斯底里般的尖叫几乎撕破了我的耳膜，我下意识地一脚踩死了刹车。

女儿叫道：“我拿到了！妈妈，我拿到了！”

空气像爆炸了一样。妻子举起紧握的双拳，也大声尖叫起来，叫声中带着颤抖的哭腔。

后面的车响起了一连串催促的喇叭声。我顾不了那么多，跳下车去，打开后备厢盖，拿出那束火红的玫瑰，大笑着朝后面的车龙挥舞起来。车阵里的人们大概从我的宣示中猜想到我一定有天大的喜讯，喇叭声静了下来。紧跟我的那辆车中，一位黑人小哥探出身来，伸出大拇指向我祝贺。两旁驶过的车里，人们纷纷投来友善和探询的目光。

我把花束递到女儿手里，看到了她眼里喜极而泣的泪光。

妻子双手掩面，喃喃自语着什么。我的鼻子一酸，泪水瞬间模糊了双眼。我踩下油门，车像箭一样猛冲出去。

女儿开始大声念读哈佛大学的录取信："祝贺你！……"倏然间，我好像听到了女儿一岁时的咿呀学语声，听到了她三岁时学着特雷西女士的口气诵读童话故事的稚嫩童声，听到了她辩论赛上语速急促的激辩声……此刻，她念的分明是她成千上万个小时沾满汗水和眼泪的时间表，是写给她自己的一首赞美诗！是的，她值得拥有今天的幸福，她值得接受赞美！她实现了自己的哈佛梦！

女儿解开安全带，扑上前来搂着我和妻子的脖子，把头靠在妻子的脸颊上，又靠在我的面颊上，动情地呢喃着："谢谢妈妈！谢谢爸爸！"

汽车在高速路上狂奔，我的心脏也像飞转的发动机那样偾张，脑子里有太多的念头喷薄而出，完全无法理清都是些什么。我打开收音机，里面传出帕瓦罗蒂高亢的男高音。我完全听不懂他唱的什么，但他嘹亮的高音像火山爆发一样，宣泄出十多年来积郁在我胸中的一切——爱、期望、关切、担忧、欣慰、失落、恐惧、惊喜……

“我拿到了！”

“我们拿到了！”

驶出曼哈顿森林般拥挤的楼群，前方的视野渐渐开阔，一眼望见遥远的天际线。云层之上平射而出的阳光，给初冬的大地铺上一层暖洋洋的玫瑰金色。油门轰鸣着，伴着一路高歌，车朝远方的天际线奔去。

母女俩

*

女儿作为目标学校和保底学校申请的另外两所公立大学也都向女儿递来了橄榄枝。女儿放弃了第二阶段普通录取的所有申请。哈佛是她的最大梦想，美梦成真，作何他想？

获得哈佛大学提前录取后，女儿丝毫没有放松高中最后一个学期的学业。她以 A+ 的总成绩为高中阶段画上了完满句号。

女儿最终得到了美国优秀学生奖学金。

接下来，是美国高中生终生难忘的毕业舞会。那一天，女儿穿着订制的藕荷色及地长裙，打扮得光彩照人。她与同窗数载的同学们一起，在学校为他们预定的豪华舞厅狂欢到午夜。凌晨一点，我和妻子心甘情愿地坐在车里等着女儿的舞会结束。我们俩都没有说话，望着舞厅旁边与夜幕相连的海面发呆。我的心里杂乱无章地傻乐着，妻子想必和我一样。孩子们三三两两地走过来，钻进接他们的汽车。还有一群孩子上了两部加长礼车，想必是要去下一个派对继续狂欢。一个女孩子一手拎着一双高跟鞋，一手搭在父亲的肩膀上，一瘸一拐地从我们车旁走过，父亲的脸上也是傻傻的笑。哦，我们这些幸福的爸爸妈妈……

最后，是亨特高中隆重的毕业典礼。

几百名毕业生的家长，聚集在亨特学院宽敞的阶梯礼堂。激动人心的音乐声中，礼堂主通道的大门打开了，校长托尼·费舍尔博士带领着毕业生朝前方的舞台走去。两侧的家长们全部站起来为他们欢呼鼓掌，会场里气氛热烈到顶点。女儿走过来了，紫罗兰色的毕业礼袍、斜戴着的小方帽把她衬托得更加妩媚动人。

女儿从托尼·费舍尔博士手中接过毕业证书，她走过舞台中央，朝着我们的方向挥动着手中的毕业证书，略显夸张地用唇语对我们说了句什么。她的笑容是那么地灿烂！

身边的妻子望着舞台上的女儿，忘情地笑着，但脸上早已满是泪水。

我忽然想到，再过几天，女儿就到法定成人的年龄了。此刻也算是她的成人礼，她真的长大了。从今以后，她将离开父母温暖的小窝，在万里长空展翅翱翔。她不再需要我们的扶持，她将独自去勇敢地面对充满挑战的人生。她的视野将会越来越开阔，她将要探索的世界，我们也许永远都无法企及。

我们的使命已经完成。

妻子一定也是想到了这些吧！

妻子的眼泪，除了骄傲、感慨和激动，凭我对她的了解，那更多的是不舍，也许还有些失落。前几天她还开玩笑说，等女儿上大学了，她要在哈佛广场旁开一间饺子店。这样女儿可以天天吃上她亲手包的饺子，她也可以天天见到女儿。她知道自己今后将无法陪伴在女儿身边，无法时时刻刻感受到女儿是寒、是暖，是开心、是不快。她可能在唏嘘，女儿将越来越多地跟她的朋友们、跟她的同龄人在一起，母女相拥床头说悄悄话的机会将越来越少……

但是，女儿对我们的爱、我们对她的爱，永远不会改变！

我读懂了刚才女儿的唇语："我爱你们！"

是时候说一说妻子和女儿这对欢喜冤家的微妙关系了。

妻子是那种什么事都做到极致的人。一方面，她对女儿的学业和钢琴练习严格要求，严格到让人透不过气的程度。另一方面，她对女儿的生活无微不至地关心照顾，某些时候到了宠溺的地步。她是严母，更多的时候是慈母。

如果你看妻子走路、做家务，一定以为她会是个什么事都慢条斯理的人，殊不知她其实是火暴脾气，一点儿事就急、就吼。做我们家的邻居，一定习惯了我们家的两种声音：一种是爽朗的笑声，我们三个人都特别爱笑，还是那种无所忌惮的开怀大笑；另一种就是妻子发起急来大腔大调的吵，所以我用"吼"字也不为过。

小小年纪的女儿学琴伊始，面对妻子的吵，常常是一副迷茫的样子，她可能不明白自己做错了什么，或者说她还不知道什么是错，就那么一脸无辜地看着妻子。有一件事经常被我和女儿当作经典笑话讲：女儿五六岁的时候，有一天在一家常去的餐馆吃饭，不知是什么事惹妻子发了火，当场教训起女儿。她越吵越气，把手里正在“蚂蚁上树”盘子里夹菜的筷子“啪”地一下摔在餐桌上。谁知那么巧，筷子上的一小团肉末飞弹起来，不偏不倚落在女儿的小翘鼻头上，安安稳稳沾在上面。女儿一动不动地坐着，眼睛望着鼻尖儿那一小团东西。由于那团肉末离眼睛距离太近，女儿凝视的双眸聚焦成了斗鸡眼儿状。看到这一幕，本来紧张兮兮的我，实在忍俊不禁，嗓子呛了一下笑出声来。这时妻子也看到了女儿的这副滑稽相，顿时转嗔为乐，哈哈大笑，弄得相熟的老板娘和服务员们一头雾水，搞不清这一家人是什么状况。刚才还是电闪雷鸣，怎么转眼间就阳光灿烂了！

随着女儿慢慢长大，她逐渐显露出性格中叛逆和倔强的一面。妻子训责时，女儿或是难忍委屈，泪如雨注，或是对自己的愤怒不加掩饰，眼含泪花，却倔强地瞪着妻子。再大一些，她学会了翻白眼，嘴里发出不服的“切”声，而这只会让妻子更加怒火中烧。再后来，女儿开始顶嘴，试图用她的道理反驳她认为不对的东西，引来两人愈演愈烈的争吵。

每到这时，我就会心跳加快（好在平时我的心率较慢）、肾上腺素飙升，有时紧张得头嗡嗡作响，想必血压急升（好在平时我的血压偏低）。最后，我还得冒着牺牲自己的风险出面平息战火，而结果往往是把战火引向自己，蔓延成了妻子对我的战争。

女儿的错顿时就成了我的错，甚至她脸上的青春痘、口腔溃疡，祸根全都在她老爹身上。有时为了与妻子保持“政令统一”，我也装腔作势地站在妻子一边训斥女儿几句。后来我发现，这倒是浇灭妻子火气的最佳方法，只要我开了腔，她就闭上嘴，转身把自己关进卧室里。

其实，妻子对女儿的批评往往很精准，切中问题所在，但她的毛病在于经常夸大事实，上纲上线，带有强烈的情绪色彩，好话不会好说，最后纯粹演变成她与女儿情绪的对抗。

好在母女俩人从不记仇，很快就会言归于好。其实妻子很快就对自己的过火行为后悔，然后以各种借口向女儿示好。女儿也会顺势大度地不计前嫌。她知道妈妈是为她好，而且很多时候她知道妈妈是对的，她反唇相讥只是抗拒妈妈的态度和方式而已。两个人经常刚吵完不久，就偎依在床上亲热地聊个没完，我惊魂未定，人家两人早已云淡风轻了。

我们常听教育专家说父母要和子女做朋友，在我们家，某种意义上妻子和女儿的确是无话不谈的知心朋友。她们有许多共同的女人话题，诸如韩国组合少女时代、今年服装流行色是什么、时兴哪种口红、某个同学喜欢上了一个男生等。她们会猫在一起追电视的美厨节目，会对女儿的穿衣搭配品头论足，也会为眉怎么画更好看这点儿小事而闹翻。女儿在学校有什么开心或不开心的事都愿跟妻子分享，两人也经常因为对某件事情意见相左而争吵，女儿曾发过无数次誓“以后我什么事再也不告诉你了”，妻子也放狠话保证过一千遍“你的事我永远都不会管了”，但事实上两人从未信守过自己的誓言。她们也许是世界上那种最铁的朋友吧！

抛却所谓“成功学”的教育理念，抛却衡量所谓“成功”的价值标准，亲情——来自家庭、父母的关爱，是每一个孩子成长过程中不可或缺的东西，是他青少年时期所有欢乐与力量的源泉。有人把在优等生身上出现的心理问题归咎于来自家庭的压力，归咎于家长不切实际的过高期望和过于严苛的要求。但其实缺少关爱、夫妻不和睦的真正意义上的“散养”（不管不问）型父母，制造了社会上更多的“问题少年”或“问题青年”。一个人如果从小缺失亲情，缺失关爱，长大以后遇到挫折和失败更容易造成心理扭曲，甚至报复社会。这种人即使取得世俗意义上的成功也无法填补心灵的空虚和孤独。小时候得不到关爱，长大后就不知道感恩，而不知道感恩的人永远都不会快乐。有些人抱怨学校没有教会他如何做人，实际上更深层次的根源来自家庭，来自小时候的情感教育缺失。许多美国人认为华人父母对子女感情冷漠，不管自己的孩子多么努力，父母永远都不满意。这种看法难免失之偏颇，但是受中国传统文化的影响，中国父母的感情不轻易流露，尤其不善表白自己对孩子的爱，缺乏与子女的情感交流，多了批评，少了赞美，多了强制，少了沟通，却是不争的事实。作为父母，不管你认同什么样的教育理念，不论你希望自己的孩子成为各界翘楚、社会精英，还是让孩子顺应天性自然成长，都要给他们足够的亲情。但愿那92%自认在教育子女方面“做得不错”的家长们，但愿所有希望自己孩子成功的父母们，都能认同孩子的最大成功，就是让他们健康、快乐！

我很庆幸女儿在一个健康的家庭氛围中长大，身心健康，这比她的好成绩、上名校更重要。在女儿的同学和朋友眼里，她既安静文雅，又不失风趣幽默，她诙谐的冷笑话非常受欢迎，她在朋友圈发的东西获点赞率最高。她为人正直、诚恳、善解人意，同学们都愿意成为她的朋友。她热爱她的划艇队，热爱她的哈佛学院咨询团，热爱她的女性企业社团，她喜欢晚饭后与朋友们一起坐在饭堂相对轻松的环境里，一边做作业，一边听着耳机里的音乐，一边用短信互相聊天。我希望女儿能够在这种和谐的氛围中，享受生活的每一天，也希望世界上所有的孩子健康、快乐地成长！

尾声

*
*

我说过，女儿看似听妈妈话的乖乖女，实则有一颗不安分的心；表面文静，内心强大。

四月下旬，是哈佛大学的期末考试时间。根据当初妻子与女儿的约定，赛艇要为考试让路。

女儿争辩说："当初说的是'训练为考试让路'，现在是比赛季！"

妻子说："管你训练还是比赛，都不能影响考试。"

女儿说："比赛的关键时刻，我是舵手怎么能临阵脱逃！"

妻子说："你们不是有富余舵手吗？"

女儿说："可是我的技术更好，教练希望我上船，桨手们也都票选我！"

妻子说："少拿这些压我，不行！"

女儿说："我保证每科考试都是A还不行吗？"

妻子斩钉截铁地说："那也不行！"

何况，女儿月底还要带领她的哈佛学院咨询团项目组远赴南部一座城市，为一家500强公司的咨询项目做最后的方案陈述。哈佛学院咨询团是哈佛大学最出名的学生组织之一，成立十七年来，为包括微软、百事可乐等数百家财富500强企业、非营利组织和公共机构提供了战略决策方面的咨询服务。在妻子眼里，学习永远是第一位的，成绩永远是最重要的；哈佛学院咨询团是仅次于学业的，因为它跟女儿所学专业有关。赛艇队等其他的事情都要往后排。她给女儿下了死命令：请假两周！还特意"威胁"说："我会查岗的！"

接下来几天，妻子果然天天查岗，女儿老老实实在宿舍复习功课。妻子放心了。

这天晚饭后，妻子跟女儿通了电话，一切如常。母女俩互道了晚安。

女儿暑假要在曼哈顿一家公司实习，方便起见，我们打算在曼哈顿为女儿租间公寓。暑期的短租公寓十分抢手，妻子找了几个经纪人，一直没有合适的房源。快十点了，一个经纪人打来电话，说谈妥了一处公寓，要妻子第二天看房。妻子喜出望外，马上给女儿发了短信。

没有回应。

再发，还没回应。

妻子拨了女儿的电话。关机！

妻子急了，一遍又一遍徒劳地拨打着电话。

这是从来没有过的事情！

我也急了，但我还是为女儿找借口说，也许她睡了？

“不可能！她不可能睡这么早！”妻子嗓门又大起来。

我劝她说：“再等等，也许她去了食堂？”哈佛大学的学生宿舍楼里都有食堂，那也是学生们做功课和三五好友放松的地方。

十二点过了，我真有点儿慌了。女儿从不会这么晚还在外面。

“怎么办？怎么办？”妻子甩动着胳膊，叫喊着，眼里满是恐惧。我想到了与幼狮失散的母狮。

这时我才发现，我们手上没有女儿任何一个朋友的电话。

“报警吧！”妻子的声音颤抖起来。

太多年轻女性失踪的报道。

恐惧也开始在我心底升起，但我的直觉告诉我，女儿不会把自己置于危险中。可是妻子不相信什么直觉，她现在就要看到女儿！

可是，报警，动静太大了吧！

我忽然想起，我的手机里应该有女儿宿舍大楼的照片。那是一栋最受欢迎的宿舍大楼，每个哈佛学生都希望住进去。我帮女儿搬进去时特意照了几张照片，其中一张是大门的特写。我记得门旁的木牌上有几个电话号码！

我急忙打开手机的相册翻找起来，果真有那张大门的照片！

我放大图片，果真有电话号码。其中一个电话号码，是女儿所在宿舍大楼的监管老师——一般由在校研究生担任——的电话。我犹豫片刻，照着那个号码拨了过去。

一个带点儿疲倦的女声应答了。我先就这么晚打扰她表达了歉意，然后说明了情况，希望她能去凯特的宿舍看看。

老师爽快地答应了。

我和妻子焦急地等待着。几分钟时间，就像过了几个小时。

老师回电话了，女儿的房间无人应答。

妻子露出了近乎绝望的表情。

我请求老师找一下女儿最好的几个朋友。哈佛大学的学生一般每八个人分成一个宿舍区的朋友组，这八个人都是自由挑选的好朋友。

电话里的声音显得有点儿犹豫，但她还是问了女儿朋友们的名字。我说了一个，她查了一下，说没有这个名字，也许我说的不是全名，或者只是昵称。我又说了两个，她问她们的姓。老天！谁知道她们姓什么！别说女儿没告诉过我们，就是告诉了，谁能记得那些老美那么长又古怪的姓呢！

电话那头儿的口气更为难了，她的声音听起来比女儿大不了几岁。

我恳求她，请她务必想办法帮忙。

沉默几秒钟后，她说："我试试吧。有一个名字或许我有印象。"

我千恩万谢，说我等着她的消息。

妻子高声说："等什么！报警！"

我说："还是先别报警，等老师问问同学再说。"

"你不报警，那咱们现在就去学校！"说着，妻子人已站在门口，拉开了门。我来不及换衣服，匆匆忙忙穿上鞋，抓起钥匙钱包跟着妻子冲出门去。

深夜的高速公路上，车流畅顺多了。我踩着油门，在夜幕下飞速狂奔。我一边在心里呼唤着那位年轻老师的来电，一边在脑子里过电影一样假想着各种可能。十五分钟过去了，我已开过了斯洛内大桥，手机毫无动静。半个小时过去了，车已驶入康州境内，电话铃声还是没响。妻子一声不响，两眼直视前方。我的心越收越紧。

突然，电话响了，我赶紧按下方向盘上的接听键。老师先解释她为什么这么久才打来，原来她在宿舍没有找到女儿的同学，又去了食堂找。找到了一个同学，她说凯特应该跟他们的团队在一起，但又不确定去了哪里。那个同学又带着老师找到了女儿另一位好友，终于搞清楚了：凯特去了马里兰。那里明天有划艇比赛。

女儿竟然在马里兰！她竟然瞒着我们参加了划艇比赛！

我一直把女儿看作听话的乖乖女，我一路假设的无数种可能，唯独没有想过这个可能。乖乖女对我们撒了一个弥天大谎！

悬着的心放下的同时，我气得一阵眩晕，却又有点儿想笑。妻子在一旁开始暴跳如雷，我几乎听不清她在嚷些什么。我看到前方的出口，减速驶下高速公路。我把车拐进一个加油站，靠边停了下来。

妻子还没停下来。我拿起手机，上网进入哈佛大学运动代表队网页，查看划艇队的比赛信息。我仍旧不能完全相信女儿骗了我们。的确，头两个赛事女儿所在的V5艇是另一个舵手指挥的，可是，接下来的两个赛事，通告上赫然写着凯特的名字！这个胆大包天的臭丫头！

妻子静了下来。我像泄了气的皮球，说："好了，打道回府吧！"

"回什么府？"妻子叫道。

我不明白地望着她。

"去马里兰！"黑暗中，能看到妻子眼中冒出的火星。

我蒙了。

"我非当面让她给我说清楚！"妻子咬着牙说。

我让脑子沉淀下来，又打开手机。我在通告上看到了明天的赛程和比赛地点：马里兰州安纳波利斯，海军学院。没有显示代表队住在哪里。

妻子说：“那就直接去比赛的地方找她！”

我又看了一下，V5 艇，7:00。第一个出场的就是女儿的 V5 船！

我忽然悟到，现在已经是“明天”了！已经是凌晨一点了！

我上了另一边的高速路，向南驶去。将近纽约时，我试着让妻子改变主意。我说：“我们还是回家吧！”

妻子说：“不回！”

我说：“我们去会让女儿难堪的……”

妻子说：“不管！”

一路我没再说一句话，妻子也是。

我苦苦思索，怎么会这样？其实，那些问题我曾经无数次思考过，在送女儿去洛杉矶辩论比赛夏令营的时候，在送女儿去英国参加考古志愿者夏令营的时候，在女儿决定申请哈佛大学的时候……

到达安纳波利斯的时候，四点刚过。天还黑着，小城还在沉睡，偶尔有几辆车驶过。我不想在五更天进入海军学院，便在一家通宵营业的麦当劳门前停下车。我把车窗开了个缝，一丝湿冷空气挤进来，有一点儿海水的咸味。夜空中，有一片片游丝般的薄雾。

一路我都没觉得累，这时却感到一阵倦意。我打了个哈欠，看了看身边的妻子。餐厅窗口射出的灯光映照在妻子的脸上。她的双眼还在出神，不知是不是柔和的灯光的效果，妻子一点儿生气的样子都没有了。她只是在出神。

她在想什么呢？我暗自思忖：她在想和我一样的问题吗？

“你不用暗自思忖了，你猜对了。”我们就这么呆坐了半个小时，妻子终于开口说话了。

妻子平静地看着我说：“我想了一路。我在想和你想的一模一样的问题。我们总说女儿长大了，总说要相信她，相信她的判断、她的决定、她的选择，可是一旦发生什么事情，出自父母的本能会压倒一切。我们还是把她当成小孩子，还是控制不住自己，还是会从心里伸出一双手去扶持她、呵护她、限定她，总怕她走错了，拽着她按我们为她划定的道路走……”

妻子的眼神又飘向窗外。我等她继续说下去。妻子就是这样的人，你跟她说再多都没有用。什么时候她自己想明白了，领悟了，那个结就解开了。

妻子轻轻叹息道：“是我们错了。真的是时候放手了！”

我说：“那我们是不是该回家了？天马上就要亮了。”

妻子脸上露出了释怀的笑意：“既然来了，我们就看女儿比赛，为她加加油吧！”

我也笑了。我起身掀开车后门，察看了一下望远镜、防雨夹克，都在。这是观看女儿划艇比赛的常备行头。

五点半，我的手机“叮”的一声，显示了一条短信。是女儿的：

“对不起，我睡着了，没看到你们的短信。”

紧接着又一条：“你们为什么打那么多个电话？有什么事？”

“还装！”妻子笑嗔道，“算了，还是别让她知道。别影响了她的‘军心’。”

我给女儿回了三个字：“没事了！”

妻子说：“看比赛我们躲远点儿，别让女儿看到了！”

“当然！”我说，“你饿吗？”

接下来的故事，你们在序言中已经看到了。

兴师问罪之旅，变成了啦啦队之旅。

那天稍后，望着颁奖台上的女儿和她的队友们，我想，妻子说得对。女儿已经从我们手里接过了舵环，她不只是自己人生赛艇的桨手，也是它的舵手。而我和妻子，已然化身为岸边的啦啦队队员，在为她助威呐喊。

不知不觉间，泪水盈满了我的双眼。哈佛大学代表队的五艘划艇，在欢呼声中载誉而归，向营地划去。耀眼的河面上，画面渐渐虚幻起来，女儿与她的队友们渐渐与划艇融为一体。碧蓝的天空中，一群海鸥欢叫着自由翱翔。